U0919859

# 感受美国

孙兰芝 丁广举 主编

暨南大学出版社
JINAN UNIVERSITY PRESS
中国·广州

**图书在版编目（CIP）数据**

感受美国/孙兰芝，丁广举主编．—广州：暨南大学出版社，2007.12

ISBN 978－7－81079－941－6

Ⅰ.感…　Ⅱ.①孙…②丁…　Ⅲ.美国—概况　Ⅳ.K927.12

中国版本图书馆CIP数据核字（2007）第165871号

出版发行：暨南大学出版社

---

地　址：中国广州暨南大学
电　话：总编室（8620）85221601
营销部（8620）85225284　85228291　85220693（邮购）
传　真：（8620）85221583（办公室）　85223774（营销部）
邮　编：510630
网　址：http：//www.jnupress.com　http：//press.jnu.edu.cn

---

排　版：暨南大学出版社照排中心
印　刷：暨南大学印刷厂

---

开　本：890mm×1240mm　1/32
印　张：7.625
字　数：198千
版　次：2007年12月第1版
印　次：2007年12月第1次
印　数：1—1000册

---

定　价：15.00元

---

# 自 序

## ——旅美杂谈



无从知晓最初是何人把 the United States of America 译为“美利坚合众国”，简称为“美国”，把“美”、“利”、“坚”这样一些含义美好的汉语词汇慷慨地送给了大洋彼岸的那个国家。美国，顾名思义，美丽之国，美好之国，美妙之国。看过美国之后，我想对朋友们说：“告诉你一个真实的感觉，美国真的很美。”大体上可以说，美国的人文环境自由民主，自然环境美丽优雅，称之为“美国”，不负最初译者的盛意。

自 1993 年至 2006 年，我曾到过美国四次，活动范围限于美国首都华盛顿和华盛顿以北至缅因州的美国东北部地区。给我的总体印象是：美国东北部的生存环境清新美好，公路交通四通八达，百姓生活平静祥和，社会舆论开放自由，民众权利自主而有保障，政府与民众关系比较和谐，城乡差别很小。美国也有穷人，也有无家可归者，只是美国穷人穷的水平和我们不一样。看过美国之后，坦率地说：“民主是个好东西，自由更是个好东西!”

去过美国之后，深感美国很独特。同世界上许多国家相比，大国也好，小国也好，美国的历史很短，但发展速度很快，宪政制度最稳定；美国经济最发达，但贫富差距相当大；美国的法制很健全，但也有不少犯罪者；美国提倡科技创新，一些科学家却有着很浓的宗教情结；美国的中小学教育经常遭到批评，似乎乏善可陈，但诺贝尔奖得主很多；美国在国内实行民主政治、多元文化，但在国际事务中却很强硬、霸道，甚至专横，用美国前国务卿奥尔布赖特的话说就是“领导”。她说：“在我们这个时代，正如其他时代的人们那样，我们有责任不做历史的囚徒，而要去塑造历史；我们有责任享用和捍卫我们的自由；我们有责任帮助和我们一样渴望着自由、和平及来之不易的宁静生活的人们。”①

在我们中国人眼里，美国是一个颇具争议的国家。它曾经在我国周边地区制造过很大的麻烦，例如20世纪50年代的朝鲜战争，60年代的越南战争，都对我国构成了根本性的威胁，也消耗了我国巨大的财力和人力。现在无论用什么词来界定中美关系，诸如“战略伙伴”关系，也挥不去那些过去的阴影，也改变不了美国始终是我国潜在威胁的事实。

有人注意到，改革开放以来，中美关系一直是我国对外关系的热点。中美关系有一个极为奇特的现象：一方面，绝大多数中国人，上至达官显贵下至平民百姓，指责得最多的国家是美国；另一方面，中国人如果有出国的机会，无论是贵族还是平民，往往首选的国家也是美国。青年学生出国留学，最希望去的是美国。近几年，政府派出大批中青年干部去国外学习从政经验和政治理念，首选的国家也是美国。中国的大学校长们也被教育部或外国专家局一批又一批地派往美国培训。从2002年开始，中国启动公务员海外培训计划——“中国领导人发展项目”，由国务院发展研究中心和清华大学、美国哈佛大学肯尼迪政府管理学院合作开设公共管理高级培训班，为期5年，计划为中国培训300名厅局级以上的高级官员。据悉，这是有史以来规模最大的中国官员海外培训计划，目前已经培训了200多人。有记者了解到，几乎每个学员从美国回来后都给国家有关部门提出了相关的继续办下去的建议，并认为某些媒体关于“去哈佛不如去延安”的议论完全是误解。

现在，想给美国一个定论很难，因为它真的很复杂。我们甚

① ［美］安·布莱克曼．奥尔布赖特传．北京：当代世界出版社，1999．384

至很难判断自己的感觉，我们不知道自己究竟是喜欢还是不喜欢那个国家。但是，它是全世界都不能忽视的国家，是许多人都想去看一看的国家，是许多人都愿意留在那里的国家。我们去过了，我们看过了。我们没有留下，我们也不想留下。但是，我们想把看到的、听到的、想到的，直接或间接地写出来，说出来。“他山之石，可以攻玉”，我们的目的是取人之长，补己之短。因此，我们不想批判美国，没有捡它的阴暗面来说，它有许多值得我们赞赏和借鉴的东西。

孙兰芝

2007 年 11 月

# 目 录

**自　序**——旅美杂谈 …………………………………… (1)

**美国的绿色世界** …………………………………… (1)

纽约的著名绿地 …………………………………… (1)
森林与森林生态管理 …………………………………… (3)
国家公园与公园制度 …………………………………… (5)
草坪与草坪业 …………………………………… (6)
环境教育与《给予之树》的故事 ………………………… (7)

**美国的交通大观** …………………………………… (12)

世界领先的航空业 …………………………………… (13)
密集的公路网与小车王国 ……………………………… (15)
方便的公共交通 …………………………………… (19)
严密的交通规则 …………………………………… (20)
保护婴孩的交通法规 …………………………………… (24)

**美国的普通民居** …………………………………… (27)

女儿的家 …………………………………… (27)
别墅居所 …………………………………… (30)
公寓住宅 …………………………………… (34)

房产购置 …………………………………………………………（35）

**国会大厦**……………………………………………………（38）

美国人心中至尊 ………………………………………………（39）
大殿里的小生意 ………………………………………………（42）
安抚奴隶的幽魂 ………………………………………………（43）
国会大厦的枪声 ………………………………………………（44）
中国人的美国情 ………………………………………………（45）

**三看白宫**……………………………………………………（48）

开放的白宫 ……………………………………………………（48）
白宫的建筑 ……………………………………………………（50）
白宫的故事 ……………………………………………………（53）
白宫不是“宫” ………………………………………………（58）

**美国之春赏花开**………………………………………………（61）

神往已久的波士顿 ……………………………………………（61）
波士顿看花展 …………………………………………………（63）
华盛顿赏樱花 …………………………………………………（65）
长木花园游春 …………………………………………………（68）

**在美国乘火车旅行** …………………………………………（71）

一个非常正确的选择 …………………………………………（71）
发达先进的铁路系统 …………………………………………（72）
古朴传统的客运小站 …………………………………………（74）
以人为本的周到服务 …………………………………………（75）

有生命力的铁路客运 …………………………………… (77)

美国政府行政一瞥 …………………………………… (80)

地方政府无钱停业 …………………………………… (80)
州立海滩免费开放 …………………………………… (81)
州府广场上的“集市贸易” ………………………… (82)
穷人的福利救助 ……………………………………… (83)
如此对待与百姓相关的事 …………………………… (85)

美国电信市场见闻 …………………………………… (88)

激烈的市场竞争 ……………………………………… (88)
几美分的国际话费 …………………………………… (91)
商家巧立的陷阱 ……………………………………… (92)
“911”非仅用于报警 ………………………………… (94)
打中国人的主意 ……………………………………… (95)

漫谈美国义务教育 …………………………………… (96)

来德亚镇的学校 ……………………………………… (96)
义务教育与家庭学校及残疾学生 …………………… (99)
隆重的高中毕业典礼 ………………………………… (103)
在美国怎样考大学 …………………………………… (106)
“9·11”的影响与爱国主义教育 …………………… (108)

我的费城故事 ………………………………………… (111)

曲折的费城之路 ……………………………………… (111)
费城印象 ……………………………………………… (115)

神秘的房东 …………………………………………… (119)
我骄傲的大学 ………………………………………… (122)
赌城的"金碧辉煌" …………………………………… (126)

**走近耶鲁** …………………………………………………… (131)

耶鲁的历史 …………………………………………… (132)
耶鲁精神 ……………………………………………… (133)
耶鲁 VS 哈佛 ………………………………………… (135)
耶鲁的女生桌 ………………………………………… (138)
耶鲁的中国缘 ………………………………………… (140)

**心仪的哥伦比亚大学** ………………………………… (143)

出身尊贵的世界名校 ………………………………… (143)
得天独厚的地理位置 ………………………………… (144)
古朴典雅的校园建筑 ………………………………… (147)
引领风流的学术大师 ………………………………… (149)
永葆活力的学术自由 ………………………………… (151)

**宾夕法尼亚大学考察所见所闻所思** ………… (154)

精英学校与精英学生 ………………………………… (154)
纳税人的政府 ………………………………………… (156)
职业乞讨者 …………………………………………… (157)
美国"空姐" ………………………………………… (160)

**世界第一大药企 Pfizer** ………………………………… (162)

"辉瑞"的辉煌 ……………………………………… (162)

人鸟共处的 Groton 基地 …………………………………………(164)
Pfizer 的休假 …………………………………………………(165)
Pfizer 的球赛 …………………………………………………(167)
Pfizer 人的聚会 ………………………………………………(167)


## 刍议美国大众 ……………………………………………(172)

社会分层的无与有 ……………………………………………(172)
百姓的务实与自信 ……………………………………………(176)
守规矩与讲信用 ………………………………………………(180)
胖人与“胖人产业” …………………………………………(183)
美国的志愿者 …………………………………………………(185)
美国人怎么个“穷”法 ………………………………………(187)

## 雷文校长 ……………………………………………………(190)

校长府邸做客 …………………………………………………(190)
重视同中国的合作 ……………………………………………(193)
推动大学促进社区发展 ………………………………………(195)
只做一名职业化的校长 ………………………………………(198)

## 管窥美国官员 ………………………………………………(201)

人们不在乎当官的 ……………………………………………(201)
总统不能给自己涨工资 ………………………………………(205)
官员的收入公开 ………………………………………………(207)
官员支配的钱很有限 …………………………………………(209)
市长要获医疗赔偿也挺难 ……………………………………(211)

**美国朋友** …………………………………………………………（212）
最早的美国朋友 ……………………………………………（212）
亲家母 Dana ……………………………………………………（214）
Terry 医生 …………………………………………………………（218）
“越战”老兵和 Hank …………………………………………（221）
心灵之友“光棍镇长” ………………………………………（224）

**美国朋友在中国** ……………………………………………（226）
欢乐的讲情义的美国人 ……………………………………（226）
爱“管事”的美国人 …………………………………………（228）
Susan 的要强与 Lauren 的爱好 ………………………………（229）
爱上成都 …………………………………………………………（231）
穿旗袍的女人 ……………………………………………………（232）

**后　记** ……………………………………………………………（233）

# 美国的绿色世界

绿色是一种美丽，它还透着几许高雅。一位国人说："我一到美国，最感叹的就是它的绿色与空旷。"他描述说，放眼看去是连绵不绝的森林，绿色在视野中不再是零星的点缀，而是彻底的垄断；草坪不再是田园牧歌式电影中的稀罕物，而是一般民居的必然组成部分；城镇不再拥挤不堪，而是星星点点地镶嵌在碧绿的大地之上。去过美国的国人都十分赞赏、羡慕和感叹美国那无处不在的绿色。我亦如此，甚或可以说，每每愿意去美国，是因为迷恋那里的绿色。这种在美国司空见惯的景观，既是上天慷慨赐予之物，也是美国人精心保护的结果。美国的立法在绿化中起了关键作用，同时美国人也有强烈的守法意识、环保意识。这样，美国才有了永久的大树参天，草坪舒展，鸟语花香。几次去美国，那随处可见的树林、绿地和鲜花，给我留下了一段段芬芳的记忆。

## 纽约的著名绿地

美国的绿化是有计划的。美国的城市规划预留了足够多的绿地。美国的自然资源保护得很好，到处蓝天绿地，社会秩序管理得也好，到处有条不紊。美国的大小城市，除了道路和高楼大厦之外，到处都是绿色。绿树如盖，碧草如茵，繁花似锦，没有一处裸露的土壤，它令新来乍到的游人似有置身于绿色海洋的梦幻之感。美国不仅绿化率高，绿化的质量也高。他们种植的草坪一般都是四季绿油油的多年生优质草，修剪后油光平整，有如绿茸茸的地毯，踏上去给人很舒适的感觉。绿化的树种绝大多数是常青树，如万年青、松柏、樟树、椰树、棕树等。特别是松柏的造型各异，配以草坪，点缀上各色鲜花，在各式建筑物的陪衬下，就是一幅幅美丽迷人的风景画。

在纽约最繁华的曼哈顿区有个中央公园，公园内至今保存着规划之初的一大片原始形态的森林，可称为“原始森林”。也就是说，这种自然生态的“原始森林”200多年来一直存在于世界著名的国际大都市纽约的市中心。200多年，不短的岁月，虽然城市的面貌发生了许许多多的变化，但是在这寸土寸金的地方，这片“原始森林”岿然不动。

纽约的中央公园是纽约城市范围内一道重要的自然景观。中央公园可以称得上是美国最著名的绿地。这座公园已经有150年的历史。这里原是一片偏僻的垃圾场，1857年，一位农场主和一位建筑师将它改造成人们休闲游憩的场所。这片田园般的游憩地外围紧邻纽约城的喧嚣，它以芊芊草坪、葱葱绿树和涓涓小溪缓释着每位参观者的心。我在1997年8月初在女儿的陪同下游览了这个公园。园内有蜿蜒的林间小径、跳跃的喷泉、各式的雕塑、热闹的酒会，还有一个动物园，那是个动物大世界，极地动物、温带动物和热带动物等，各种各样的动物都有。步入中央公园，你可以看到纽约市民们在园中开展着各式各样的活动——散步、溜直排轮、下棋等。园内的活动项目很多，从平时的垒球比赛，到节庆日举办的各种音乐会，名堂很多。总体而言，在这个极度城市化的环境中，公园为市民提供了一处赏心悦目、充满浓郁乡村风情的憩息地。

中央公园是纽约城重要的活力源。对纽约人来说，这座公园可谓是曼哈顿的城市绿洲。公园长跨51个街区，宽跨3个街区，占地843英亩，拥有26 000株大树，9 000只长椅，水道长58英里，四处绿荫密布，水流清澈。它的设计者是卡尔·维特弗和弗雷德里克·劳·奥姆斯泰德，他们早年曾在英国伦敦接受建筑培训，后来成为闻名全美的风景建筑家。弗雷德里克·劳·奥姆斯泰德享有“美国景观建筑学之父”的盛誉。1872 年，当他忙于在市中心建造曼哈顿公园时，他就预言，这座公园将成为纽约城的“城市绿肺”。而今天，人们已经看到：城市公园不仅是人们游憩和社交活动的中心，而且又有清除各种污染物、吸收城市过量的二氧化碳和防止城市变暖的功能。事实上，人们已经发现，“城市绿肺”的说法不仅仅是一种比喻，它更能准确地表达城市公园所能产生的实际作用。

在中央公园中，简洁的草坪也许就是其最具价值的景观。人们无法想象，如果没有这样的草坪和公园，纽约这个城市会是何等景象。与僵硬的混凝土或沥青地面相比，草坪是公园社区内更富活力的要素。它突显了公园的自然面貌，为身处闹市中的居民和游客提供了急需的休闲场所和宁静的精神家园。可以说，纽约市的中央公园就是现代城市所推行的极具重要意义的城市森林。它体现了久居城市的人们对自然景观的渴求。开放的空间、自然的植被和生态环境，使人们得以忘记紧张的城市生活节奏，获得属于个人的轻松和闲适的时光。

## 森林与森林生态管理

美国的森林覆盖率为陆地面积的33%。森林面积约 43.6 亿亩，占世界森林总面积的 7.1%，居世界第四位。美国本土分为 6 个林区。大平原以西有太平洋岸林区和落基山林区，其中针叶树占优势，多为原始林。太平洋岸林区分布在喀斯喀特山脉以西，气候湿润，森林茂密，以道格拉斯黄杉（又称花旗松）为主，现为全国最大的木材生产基地；而落基山林区气温低，降水较少，林木生长率低，以黄松为主。大平原以东有北部林区、中部硬木林区、南部林区和热带林区，约占全国用材林面积的3/4，针、阔叶树种分布均匀，阔叶树略占优势。其中南部林区水热条件较好，林木的生长周期短，土壤沙质重，次生林和人工林占很大比重，以长叶松、短叶松等为主，现已发展为全国第二大木材生产基地。此外，阿拉斯加州有海岸和内地2个林区，以针叶林为主，因地处边远，自然条件严酷，尚未划为用材林，但发展潜力很大。每公顷年生产能力在1.4立方米以上的用材林面积，约占森林总面积的2/3；用材林蓄积量为202亿立方米，其中64%为针叶林，36%为阔叶林。每公顷年生产能力低于1.4立方米的非生产林、生产保护林和暂缓采伐林，约占森林总面积的1/3，多已被划为国家森林公园、自然保护区等。

美国人环保意识很强，对森林的生态系统管理十分重视。从1985年开始，美国农业部就要求所有林区必须组织专家对林区的树木、水土、植被、野生动物等情况进行综合调查，在调查基础上，制定林区生态管理规划，实行目标管理，每5年修订一次计划。1986年以来，国家林业服务局投入约7 700万美元，与3 150个合作伙伴实施了3 000个保护野生动植物的项目。林业局还与自然资源保护局合作，改善了25万英亩水域的生态环境。1990年以来，11万林农参加，把1 300万英亩采伐林改为非工业用林，每年新植树5万英亩①。

美国全国上下都非常重视植树造林和森林保护。1872年阿拉斯加州就有了植树节，20世纪80年代初，美国把每年4月的最后一个星期五作为全国统一的植树节。在美国，有85%的土地属于私人所有，但是美国法律规定：任何私人宅基地在建房造屋之前都必须规划预留一定比例的土地用于绿化，确保绿化率，否则造房计划不予批准。为了保护森林，美国法律还规定：任何树木，包括私人土地上的树木都不得随意砍伐，建房、筑路和修

① 美国森林生态管理．上海《绿化参考》，2003（23）

桥都要尽可能避开森林，而且每砍一棵树就要补种一棵。对全国森林的采伐原则是：采伐量必须小于生产量。芝加哥市近10年来就植树30多万棵，是美国绿化比较好的城市。在芝加哥市，无论大小社区，都有自己的绿化管理法令，规定很具体，甚至对住宅草坪的高度都有要求，超高者，政府要限期修整，否则要罚款，或传唤业主到法庭庭训。所以，有私人住宅的美国人在夏天出远门前一定要修剪草坪。

## 国家公园与公园制度

美国国家公园系统面积为32万平方公里，占全国面积的3.45%，其中，国家公园绿化面积为19万平方公里，占全国面积的2.05%，是美国绿色世界的支撑。美国西部的8 983平方公里的黄石公园，覆盖着茂密的森林、相对平坦的火山高原。无数的湖泊在其间闪烁，它们彼此相连，形成著名的溪流群。溪流或在灼热的熔岩上流淌，或从冰封的山巅飞泻而下，使这里成为美国众多大河的发源地。溪流两岸充满了无穷的魅力，森林和崎岖幽深的大山中有无数神秘的花园，布满奇花异草，各种欢快的动物使大自然洋溢着生机。黄石公园以其独特的地理位置、令人心旷神怡的气候和神奇的自然景观，成为一个巨大的休闲、疗养和科学研究的胜地。

国家公园的维护和发展有赖于国家公园制度。美国的国家公园制度发端于1872年美国国会的一项专门法案——建立黄石国家公园法案。美国国会立法建立世界上第一座国家公园——黄石国家公园的初衷是，这一公园应“让人民得益、供人民享受”。法案规定国家内政部长主管国家公园，并有提出详细法律条文的责任，以“保护国家公园免受伐木者、矿产主、自然资源猎奇者或其他人员的损害和掠夺”。美国国家公园管理功能还包括开发游客食宿设施、建设游览道路或林间小路、驱逐非法进入者、保护自然资源免遭无规划的渔业或娱乐业的破坏。美国国家公园最初倡议者的基本思想是：国家公园不能被少数赢利者掌管，而只能由为全体人民所信任的政府为了国家的长久利益来行使管理权力。1916 年，美国依法在内政部设立国家公园管理局，专门负责全国的国家公园事务。1935 年通过的《历史遗迹法案》规定，将国家文化资源和自然资源统一交由国家公园管理局管理。

早在 1903 年，美国总统西奥多·罗斯福在约翰·缪尔陪同下游历了约塞米蒂地区后，就意味深长地说："我们建设自己的国家，不是为了一时，而是为了长远。"1907 年，罗斯福总统在其致国会的咨文中强调：我们对自然资源的保护与合理利用，已经也应该成为一件根本性的大事。在我们国家，几乎所有问题都必须以此为基础。作为一个国家，我们不但要目前享受极大的繁荣，同时要确保这种繁荣建立在合理使用的基础之上，以保证未来的更大成功。远见卓识将为我们带来不难预见的巨大回报。

## 草坪与草坪业

到了 20 世纪 90 年代，全美国已经拥有草坪 2.8 亿多公顷，其中包括 1.5 万多个高尔夫球场、8 000 多个足球场和 5 万多块草坪、6 442 个草坪公园，户均拥有草坪 800 平方米。由于重视种草植树等绿化事业，美国发展起了草坪业。草坪业年创直接产值高达 50 多亿美元。目前，美国草坪业已与电子信息、生物技术、航空航天等行业并列为全美 10 大支柱产业。美国的草坪业起源于 20 世纪 20 年代初，当时是为了适应休闲的需要，如建设高尔夫球场的草坪或足球场的草坪。以后就有了专门从事草坪育种的研究和草坪养护的研究等，这些奠定了草坪业发展的基础。目前在全美国，草坪养护、草坪机械制造的从业人员达 24.6 万人；同时，有一些民营科研所和大学的研究机构从事草坪产业及其相关项目的设计和研究工作。他们主要从事草坪育种研究，以选育植株低矮、抗病、耐热、耐寒、生长迅速和整齐的草坪用草种为主要目标。美国草坪良种选育主要采用无性系筛选方法。通过众多的试验研究，美国在草坪管理上已取得一系列成果。美国的草坪现在已经进入工厂化生产，其"地毯式草坪"的名声已远播全球。当初完全是为了适应休闲业需要而发展壮大起来的草坪业，现在已经完全从农林业中分离出来，形成一个独立的大产业，而且其发展前景十分看好①。

## 环境教育与《给予之树》的故事

2005 年 7 月，美国环保协会主席佛瑞德·克虏伯和首席经济学家丹尼尔·杜丹德作为人民网环保论坛的首期嘉宾就"美国环境保护的经验与教训"话题与中国网友进行交流，谈到美国环保协会于 1968 年在美国成立，该协会是一个非政府非营利性的环保组织，从一开始就参与了美国的环境保护工作。而早在 1880 年罗斯福当总统的时候，他就开始提出和实施保护美国土地的国策。当时美国把有些土地专门分出来进行环境的保护，那可能就代表了美国环境保护的第一个时期。从 1960 年开始，人们开始关心化学物品对环境造成的危害。当时，一位叫雷切尔·卡逊的教授写了一本书《寂静的春天》，书中说，在很多地方鸟类在春天已经不叫了，提醒人们要关注自然环境。这代表了环境保护意识发展的第二个时期。第二个时期的末期，美国环保协会诞生了，这个组织一开始的任务是限制杀虫剂的使用，很快美国环保协会就意识到应开始帮助人们设计环境的未来，使人和自然

① 草坪业——美国支柱产业新宠. 中国环境报，2000－07－29

有一个和谐的共存环境，这被称为美国环保运动的第三个时期。

在1988年老布什总统进入白宫之前，美国一些研究人员就开展了一个关于酸雨的研究项目，他们认为，不管谁当总统，这都是需要解决的问题。当老布什当选总统入主白宫之后，环保协会就敦促老布什总统履行他的诺言，使之成为美国的第一个环保总统。当时他们应用市场的手段来解决酸雨的问题，最终的建议被写到了美国的经济法当中，成为正式法律。

美国是当代环境运动的主要发源地，美国人关于自然的性质以及人与自然关系的思想，既受欧洲思想的影响，又呈现出自己的独特性。“环境教育”是美国大学生通识教育的重要内容之一，该课程欢迎对环境保护和美国文化有兴趣的同学选修。该课程围绕几位主要的美国环境思想家（梭罗、缪尔、利奥波德和卡逊等）的作品，介绍美国人对环境问题的认识，勾勒出美国环境思想的历史发展及其对世界环境运动的贡献。具体来说，该课程涉及早期美国人对自然的态度、超验主义自然观、国家公园制度的建立、资源保护运动及其争论、生态学运动与新自然观、环境危机与现代环境运动的诞生、环境伦理学的发展等内容。

美国人的环保意识是从孩子抓起的。一位在美国定居的中国人讲了这样一件事情：她的孩子在上小学一二年级的时候，经常在家讲读一本叫做《给予之树》（*The Giving Tree*）的书。这是美国小学生非常熟悉的经典儿童读物。《给予之树》讲的是：一个小男孩与一棵树做了朋友。为了男孩在生命的每一个阶段都能愉快地生活，这棵树把自己的一切都给了他。在男孩小的时候，树陪他玩，把自己结的苹果给男孩，让他卖掉换零用钱花；男孩长大后，树又把自己的树枝送给他，让他盖房子；后来又把整个树干送给他去造一条船。在故事的结尾，他们又团聚了，男孩疲惫不堪，一事无成。这棵树呢，树枝没有了，树干没有了，只剩下树桩了。树又把自己唯一的树桩给了男孩，让他有个可以坐着休息的地方。

通常这个故事是用来教育孩子要懂得博爱的教材，政府和环保工作者却看到了它另外的价值，把它作为培养儿童环保意识的教材。该故事生动感人，思想容易被孩子接受，从而使孩子形成爱护树木和保护环境的意识。

美国人很讲功利主义，善算经济账。生态好自然有经济效益。凉爽的空气意味着可以减少家用电费；清洁的水源意味着可以节省净化水的开支，可以有更卫生和丰富的鱼类生长；树林可以防洪，可以防止尘埃。所有这一切都意味着可以节省大量的资金，而哪笔资金都是“羊毛出在羊身上”。所以，美国人知道环保的重要性，知道应该做什么和不应该做什么。

世上没有绝对完美的事物，即使在美国那如玉般的绿色世界里，我也发现了瑕疵。就在通往康州来德亚镇的 Gallup Hill Road 路边的树丛中有过往车辆丢弃的易拉罐、烟盒、瓶子等杂物，与那里的蓝天、白云、绿树很不相称。国内有报道说外国人在中国的旅游景点捡易拉罐、塑料袋等废弃物，帮助我们整治环境。这次我们也让“老美”看看我们中国人的素质。有一天下午，我与我的先生用童车推着小外孙在镇上转悠，经过 Gallup Hill Road 的时候，我们把从小超市 Pumpkin Hill Market Place 到女儿家附近 1 公里多地段的废弃物捡了个干净，废杂物还真不少，装了两塑料袋，但是我判断那是年深日久的“积累”，非短时或近日所为。看来，在环保方面，美国也有需要加强的地方。

当我们赞叹和惊羡美国的绿色世界和环保的成功经验之时，我们不能不忧虑自己的环境危机，也有美国人士关注我们的环境问题，建议我们引进“绿猫”。《纽约时报》在 2006 年 11 月 15 日发表了一篇题为《引进绿猫》的文章，作者是该报专栏作家托马斯·弗里德曼。摘要如下：

> 自1990年以来，我经常来中国，给我印象最深的一点是：每年我来这里，都会发现中国人似乎谈话更自在了，而呼吸更困难了。是的，在这里，可以与当地官员和记者非常坦率地交谈。但是在抵达上海后的第二天早晨，当我走出房间时，我发现空气里弥漫着很浓的烟雾。那一刻，我以为酒店着火了。这就是我第一次感觉中国好像已经接近环境极限的原因。如果中国不在设计、运输、生产和发电等方面进行更加环保、更具可持续性的根本变革，那么中国的奇迹将变成一场生态噩梦。近30年来，中国的经济一直以每年10%的速度增长，几乎毫无顾忌地将废弃物排入江河，将废气排入天空。经济增长是由于中国继续充当一切产品的低成本生产国——这样环境注定会遭到破坏。但中国不能再如西方过去那样，现在增长，以后整治，因为它前所未有的增长速度和规模会使以后的治理为时太晚。中国曾有一句很有名的话：不管白猫黑猫，会捉老鼠就是好猫。罗森说："现在这只猫最好是绿色的，否则还没等到捉到老鼠它就死了。"

这篇文章对中国环境污染的现状、严重性、危害性、改变的可能性都进行了中肯的分析，值得每一个国人，特别是决策者重视和深思！

近年来，有许多专业人士赴美国考察，对美国环境建设的成果颇有认识。武汉市建筑行业考察团的人士说，他们对美国的建筑、城市建设、城市规划、城市交通管理、城市绿化美化等做了仔细考察，受益匪浅，认为是一次很有意义的异域采风。江苏省农林厅赴美国绿化考察团在考察报告中谈到：充分感受到了中美人民的友好情谊，也亲身体验到了美国生态环境的优美，所到之处，碧水蓝天，白云朵朵，大树参天，绿树成荫，高楼耸立，花草遍地。也许我们真的要认真考虑如何引进“绿猫”的问题了。

# 美国的交通大观

几次到美国，每次都有不同的经历和感受，唯一不变的是，一踏上美国之路就享受到美国那便利的交通，体验着那种来去生风、自由自在的感觉。四通八达的公路网，穿梭不息的车流，停泊的车海，那又是美国的一道风景。在美国，人们出行可以选坐飞机、火车、汽车等各种交通工具，方便快捷，南来北往，国内国外，潇潇洒洒。

200 多年来，美国的交通发展经历了公路—运河—铁路—高速公路/航空等几个阶段的革命性变化。它的公路建设起步很早。17 世纪以前，美洲的印第安人只靠双脚行走，他们唯一的交通运输工具是马。1776 年，三条改良公路终于铺上了阿巴拉契亚山脉。1794 年，费城通向兰开斯特的私营公路也宣告竣工，从而大大推动了其他地区的公路建设。进入 19 世纪后，美国兴起一股修建公路热。由纽约州和宾夕法尼亚州带头，各州纷纷联合兴建公路。随后到来的是运河时代。经过长期酝酿和艰苦努力，1825 年，伊利运河终于完工，坐落在哈德逊河口上的纽约城成了这条通向西部的水上要道的终点站，这也是纽约发展成为世界著名大都市得天独厚的条件之一。到 1840 年，美国的运河总长达 3 300 多英里。不久，铁路的崛起迅速压倒了公路和运河。铁路展现了它特有的高速性这一优越性。公路、运河、铁路的先后出现，使美国的交通运输发生了革命性的变化。在联邦政府刚刚开始管理铁路系统的时候，铁路总长为 16 万英里，1930 年就达到 24 万英里。铁路对美国的发展发挥过重大作用。目前美国铁路总长约 42 万公里，占世界铁路总长的 1/3，其中大部分集中在中部和东部。时至 20 世纪，特别是第二次世界大战结束以后，美国的交通业又一次发生了根本性的变化，航空事业和高速公路建设有了日新月异的发展。美国的航空事业在世界上首屈一指，高速公路四通八达，并成为小汽车的王国。

## 世界领先的航空业

美国开创了人类向天空发展的先河。1918 年，美国邮政局首次用飞机传递邮件。后来，一名飞行员在农村集市上进行飞机杂耍表演，然后载客上天游玩。从此，这种飞机杂耍业兴盛起来，1927 年第一次作较长距离的飞行。这便成了美国民航业的发端。1938 年，美国正式成立民航局。现在美国拥有大型航空公司 50 多家，有机场设施的城市达一千三四百个以上。纽约、芝加哥、华盛顿、亚特兰大、洛杉矶、费城、达拉斯、旧金山和迈阿密等都是国际性或全国性的重要航空枢纽。目前，全国定期航线共达 28 万公里，几乎所有的城市都有飞机通航。在美国 930 万平方公里的地图上，飞机场星罗棋布，每天起落飞机几万架次，冲上云天的飞机基本上都是美国自己制造的波音系列产品，大型波音 747－400 型能够载客近 500 人，小型波音 747 载客也在百人以上。这种飞机功能齐全，乘坐舒适，时速高，安全系数也高，不仅美国人自己享用，还远销世界各国。目前世界上最大的飞机场是纽约的肯尼迪国际机场，它占地 4 900 英亩，一年中往来旅客超过 1 500 万人次。我于 2005 年和 2006 年两度去过该机场，领略这个超级机场的风采。机场具有自动化、信息化和现代化的特点。建筑宏伟高大，候机室高雅豪华，机场内有电视显像屏向旅客预告当天的飞机班次和时间。餐厅、酒吧和咖啡厅随时提供点心和冷饮，个人自带食品也有方便的座位用餐。此外，还有百货部出售各种旅游纪念品和地方特产。公共汽车和出租车都能直接开到检票厅门口，出场时，在门口也容易找到公共汽车和出租车，非常便利。

由于女儿于1995年就赴美国留学，后来又在美国工作，女婿又会开飞机，使我有机会光顾美国的大小机场，感受大小机场的不同氛围。1997年夏天，我去美国是从北京直飞华盛顿，航班抵达华盛顿杜勒斯机场，回国当然也是经杜勒斯机场。给我留下的记忆是，候机大厅高大宏伟，机场辽阔清爽，办理出场、入场等手续快捷方便，接人可以到提取行李的地方接，送客可以送到登机口。但是“9·11”事件使美国改变了许多，各机场的防卫意识显然加强了，送客只能送到办理登机手续、托运行李之处，接人也只能在出场门口等候。机场的安全检查也加大了力度，甚至使人感到很烦琐，很无奈。但是，总的来说，美国的航空公司是讲理的，在航运业务中，如果是他们的错，不用乘客多费唇舌，他们就会照章赔偿或补偿。女儿给我讲了她亲历的两件事。大概是在1999年，她在费城工作，家在佛罗里达州的一个小镇。因为她丈夫在那里的一个飞行学校培训，她一般每月回家一次，选择一个票价比较便宜的航班。一次她搭乘该航班回家，上飞机后发现票上印的座位错了，比如说印的座位是40C，而飞机上根本就没有这个座位，而且错的还不止这一张票，共有3张。有关工作人员向他们道了歉，另外安排了座位，当时经济舱有2个座位，那2位乘客先坐上了，她就被安排到公务舱，还送给她1张下次乘坐的免费机票。下一次我女儿又乘坐这个航班，他们又出错了，航班晚点2小时起飞，而这样的后果是，可能转乘飞机的就赶不上预定的航班，所以他们还得给予补偿。她又得到了1张免费机票。看起来，这家航空公司的业务水平实在令人难以恭维，但是补偿措施还是很到位的。有的时候，各航空公司超员卖机票，因为根据经验，总有乘客不按时出发，但是有的时候，乘客要是来多了，座位就不够了，这时候乘务人员就会主动征求顾客的意见，如果愿意改签其他航班的，也会赠1张免费机票。

## 密集的公路网与小车王国

从19世纪50年代开始，美国用约一个世纪的时间建成了一个以高速公路和国家干线公路为主的全国性现代化公路运输网，成为目前世界上公路最长的国家。目前全国已有公路600万公里，各州之间都有高速公路相连，约有5万多英里（将近10万公里）。四通八达的公路无处不到，城乡市镇还有环城公路、公园公路等相通。有的路口设有收费处。一般收费口自动控制，只要投入足够的钱币，路栅即自动开启。如果没有零钱，就需要把车开到有人值班的入口。但是公路的收费很低，相比之下，隧道和一些大桥收费比较高，有5美元、10美元的，但是都是单向收取。

目前，美国人口在5万人以上的城市已有92%通了高速公路，高速公路纵横全国东西南北。沿80号高速公路可从纽约直开旧金山；90号高速公路东起波士顿，西至西雅图；95号高速公路则北起加拿大边界，南至佛罗里达的迈阿密。据说，圣塔莫尼卡10号高速公路为世界最忙的高速公路，双向共10个车道，每天过往车辆达30万辆以上。10年前，美国的最高时速限制在90公里，现在指标稍有提高，可达105公里。宽阔平坦的高速公路，一般是单向3~5条车道不等，每条道宽3.5米，中间加有4~5米宽的中央分隔带，有的用1米高的矮墙分隔，有的用常青的矮灌木或草地分隔。来往汽车分道行驶，边缘竖有防护栏杆。高速公路两边每隔五六公里便有一块清晰的路牌，夜间也十分醒目。东北部的高速公路上出口比较密集，有人发现，仅纽约市到纽黑文市的80英里的高速路上就有70多个出口，其中有些出口还有分出口，在某出口标号上加标字母A、B、C等。如95

号州际高速公路在 New London 处的 84 号出口，又分 84S、84N 和 84E。84S 通往 New London 市中心，84N 则接 32 号公路，84E 通往 New London 的码头。在高速公路上，除了一些出口路牌外，很少有商业广告，几乎没有收费站。高速公路两旁绿树成荫，养眼润心。

网络信息提供了行车之便。在 http：//www. mapquest. com/directions/main. adp 中搜索起点 A（街道的门牌号码）和终点 B 的名称，你就可以找到非常详尽的公路地图。它标明你出行沿什么大街到什么大街，在什么地方上几号高速公路，在几号出口转几号高速公路，在几号出口到什么地方，等等。每段之间的距离是多少，行车时间有多长；到达目的地的总里程是多少，行车时间是多少，都一清二楚。既有整体地图，也有分段地图，十分方便。但是，快要到出口转道时，必须提前转到慢车道上。因为高速公路上的车辆很多，行车速度都很快，如不提早作准备，到时候就很难转入慢车道，以至于会错过出口。

联邦公路地图犹如蜘蛛网，这张网覆盖了整个美国。美国道路图在城市之间都列出英里数，这大大有助于旅行者心中有数。现在科技进步，已有一些电脑软件比印刷成册的地图更好，如“Automap Road Atlas”可以告诉旅行者从 A 地到 B 地的最佳路线，以若干时速行驶多长时间可以抵达。司机只需在键盘上轻敲几下，一面小旗就会从出发点插到目的地。该软件可直接用在 Macintosh、Windows 等计算机系统上。现在最新的电脑地图“Road Whiz Plus”除提供最佳线路外，还告知行走方法以及沿途的加油站、旅馆、餐厅、野营地、医院等服务设施的详细情况。

美国拥有小汽车 1.2 亿多辆，按人口计算，是世界上人均拥有小汽车最多的国家。有人把小汽车比喻为美国人的鞋，人没有鞋不能出门，美国人没有小汽车就出不了门。也有人说，“美国是个建在汽车轮子上的国家”，这话很真实。

美国小汽车的车牌很有特点，它用最简洁的一句话、一个词或一个词组来表示本州的特色。比如：Vermont（佛蒙特州）的车牌上的标志是 Green Mountain（绿山州）；Connecticut（康涅狄格州），Constitution State（宪法州）；New Hampshise（新罕布什尔州），Live free or die（不自由，毋宁死）；Delaware（特拉华州），The first state（美国第一州）；New Jersey（新泽西州），Garden State（花园州）；New York（纽约州），The Empire State（帝国州）；Idaho（爱达荷州），Famous Potatos（著名的盛产马铃薯州）；Florida（佛罗里达州），Sunshine State（阳光州）；DC（华盛顿特区），Taxation without representation（纳税却没有议会代表）；Arizona（亚利桑那州），Grand Canyon State（大峡谷州）；Minnesoda（明尼苏达州），10 000 Lakes（万湖州）；Nevada（内华达州），The Silver State（银州）；South Carolina（南卡罗来纳州），Nothing could be finer（没有比这更好的了）；Washington（首都华盛顿），Evergreen State（四季常青州）。美国的这个做法，表现了美国人的一种自豪感，对人也有潜移默化的教育作用。

自20世纪50年代以来，对美国人来说，汽车已不再是什么奢侈品，而是生活必需品，甚至工商企业和政府机关的就职申请书中有一项就是询问申请人是否有汽车和驾驶执照。美国人的工作地点一般都离家比较远，许多地方没有公共汽车，如果个人没有汽车，不会开车，就业就可能受到影响。在美国，要开车，必须年满16周岁，小于16岁会开车也不可以开车。美国家家几乎都有小汽车，大部分家庭都是男、女主人各有一部车。在美国拥有一辆车比较容易，二手车千元左右就可以买下来，油费虽然也在涨，但是相比其他国家，仍然是比较便宜的，养护一个车，加上油费，一个月200美元也就差不多了。

近二三十年来，由于小汽车的高度普及，美国出现了一种新兴的“道旁企业”，发展十分迅速。它包括汽车旅馆、汽车电影院、汽车银行、汽车饭店、汽车教堂等。它们通常坐落在城市附近的干道两旁以及海滨或其他旅游胜地。目前，汽车旅馆已经成为美国人生活中的一个重要组成部分，它通常由包括卧室和洗澡间的客房及附近的停车场组成，价格比普通旅馆便宜。

美国的汽车保险业很发达，保险名目繁多，费用也大不相同。有一种保险，如果发生了交通事故，车需要送去大修，保险公司就会借给你一辆车，你的车修好了，再把车还回去。但是由于油价上涨，最近如果发生需要保险公司提供车的情况，往往会被借给车型比较大的车，因为小车耗油少，抢手，都租出去了，剩下的就是这种耗油量大的大型车了。而前几年正相反，他们会借给你小型车，因为那个时期人们没有油费多少的概念，人们只图方便，大车抢手。我女婿的车在 8 月份撞了，需要大修，他上的那种保险就可以得到借给一辆车的待遇，借到的就是一辆大型车。看来，美国人在钱的问题上毫不含糊，很精细。但是这辆大车还真派上了用场，我们回国时行李比较多，送我们去机场用它很方便。

小汽车的普遍使用，也衍生了许多弊病。其一，汽车过多，交通拥堵；其二，交通事故增多；其三，增加城市的噪音和污染。由于车的高速行驶，撞车事故也常有发生。目前美国每年有 1.5 万人左右死于车祸。美国得克萨斯州运输研究所最新公布的数字显示，这个汽车王国每年因交通堵塞所造成的经济损失高达 1 000 亿美元。美国警方加强了对超速行车的监管，配备了专门的交通巡逻车，对超速行车的人处以罚款。

# 方便的公共交通

出于环保和一部分民众的需要，在美国一些大城市的市区和市郊，公共汽车仍然是重要的交通工具，还有轻轨和短途客运火车。据统计，美国有市内公共汽车2万多辆，郊区公共汽车约5万辆，校车23万多辆。美国的公共汽车上没有售票员，只在司机身旁备有一个小钱箱，乘客上车时自己把车票钱投到箱子里。在美国，乘坐公共汽车不论路途远近，票价都一样。上车付费时可向司机索取一张“换车票”，换乘另一辆公共汽车时交给司机就行了。“换车票”上打印着方向和日期，准许乘当日顺方向的另一路车，但不能乘往回走的同一路车。由于坐公共汽车的人很少，车厢里显得宽敞舒适，从不拥挤。即使是上下班的高峰时间，车内的座位也很充裕，其他时间则显得有些空荡寂寥了。为了方便老人，在公共汽车的靠车门处设一排老人专座，这些座位在没有老年人乘客的时候，别人也不会去坐。车门处还设有专为残疾人坐轮椅上车的装置。

在美国的大城市，地铁对许多人来说是不可缺少的交通工具。纽约、波士顿、费城、华盛顿、芝加哥、旧金山等大城市都建有地下铁路。其中以纽约的地铁最为有名。纽约地铁建于20世纪初，已有100多年的历史，如今有近30条线路，全长411公里，468个地铁站，形成四通八达的地下交通网络，每天乘客达450万人次以上，在曼哈顿中央商业区工作的人，有80%选择公共交通作为主要出行方式。公共交通要属纽约最方便，覆盖面也最广泛。据说，纽约的公共交通一日载客量最高时可达3 000万人次。但是纽约的地铁非常陈旧，进入纽约地铁就如同进入了年久失修的地下室。我在1997年8月乘坐过纽约地铁，在上下班的高峰期，地铁的车厢内相当拥挤；2006年3月中旬到波士顿看花展，去参观哈佛大学时坐过波士顿的地铁，地铁里很干净，人也不算多，上车就有座位；4月初到华盛顿赏樱花，又坐了华盛顿的地铁，领略了地铁中人多的盛况，车厢中，人满满的，站台上，人流滚滚，但是人们上车下车，都很礼让和有序，没有看到抢着上车和抢座位的。平时华盛顿地铁的客流量要少得多。各大城市地铁的线路标识也不同，有的是用阿拉伯数字标出几号线是通向什么地方的，有的则是用不同的颜色来标示的。华盛顿的地铁以红、绿、蓝、黄、橙几种颜色表示不同的线路。

鉴于交通拥堵的严重现状，美国政府大力鼓励坐公交车。华盛顿特区政府制订了“保证回家计划”，计划的内容是：在周一到周五早晚的下班时间，安排大巴和地铁专列送不开私家车上班的职工。尽管在美国骑自行车的人不多，为了鼓励和便利自行车交通，地铁站大都设有自行车停车处，旧金山湾区的地铁还允许自行车上地铁，各地的公共汽车也允许自行车上车。

## 严密的交通规则

在美国，对如何行车和停车，以及安全带、婴儿乘车问题，都有细致的规定，执法严明，违章受罚没商量。超速开车，一张罚单两三百美元；如若不服，法庭辩论，请个律师1小时400美元。大多数人还是认罚了事。行车规则：共享车道，多人优先。加利福尼亚州政府为了鼓励家人或同公司的人同乘一辆车上下班，在同向车道左侧开出一条优先车道，即“共享车道”，一车3人以上可以使用，否则视为违章。因此，又出现了“搭便车也挣钱”的趣闻。为了不受堵车之苦，1人开车，就请人搭车，搭车的人可能素不相识，凑够3人，即可走“多乘客通道”，比较快捷。这样车主还要给搭车人一些钱。于是就出现了“车客”

一族，把搭便车作为赚钱之道。[①] 又如，无障碍通道，残疾人优先。美国政府对残疾人的权益非常重视，所有公共场所都有方便残疾人的设施，如设置无障碍的轮椅通道，在大型停车场，最方便的停车位总是留给残疾人的，在尼亚加拉大瀑布的参观点门口，残疾人不需要排队，并有升降电梯方便残疾人上下。

在美国，关于“停车”的说法很多。城市街道上是不能随便停车的。即使是居民区或自家的门口也不能长时间停车。有些居民区的街道和居民自家的门口可以停车，一般都得有官方部门发放的停车许可证。大城市的非主干街道，由于路比较狭窄，有些路段是单行道。波士顿的单行线就比较多，这种线路一般是两条道，方便超车，利于市内的交通畅通。但是若事先不熟悉该城市的交通路线，是很难找到目的地的。每个城市都有自己详细的交通地图，可以事先做好准备。单行道的两旁标牌林立，大多与停车有关，标明不许停车或者允许停车的时间。路边停车还有规定，不能挡住旁边停车场的进出口，车轮靠近路牙1 英尺左右。违者都将按违章处以罚款或者车被拖走。在机关、学校、医院、车站等单位附近，允许停车的街道两旁设有停车收费箱并标有允许停车的时间。往收费箱塞进一枚25 美分的硬币（1 quart），可以停车15 分钟到20 分钟，塞进两个可停车30 分钟或40 分钟，依此类推，自动计时（放进1 个25 美分的硬币，可以停多长时间，各地的规定不同）。一旦超时，被警察发现，他就在车头上贴一张黄纸条，通知你到什么地方缴纳罚金。罚金依违规时间的长短而定，至少20 美元。美国有些大城市的街道每天清扫一边，清扫的这一边是不能停车的，比如纽约就有这样的街道。至于哪天清扫哪一边，路旁立有标牌，停车之前要看清标牌。如果遇到大雪天，需要及时铲除路面积雪，有些路段就不能停车。遇到这

① 王婷婷．在美国搭便车也挣钱．报刊文摘，2007－03－14

样的天气，个人就要事先查询有关资讯，否则，把车停在不能停的地方，就要被罚款，那是没商量的。违章停车，有专门的拖车公司会迅速地把违章车辆拖走。车主还要付一定的拖车费和违章费。如果车主不及时取回车辆，还要付高额的保管费。所以，违章者都会乖乖地交钱，尽快地把车开走。

美国对违反交通规则的肇事者实行一套严格的处理办法。首先要填写违章单，违章者要交罚金，交了罚金就是承认自己违章了。如果认为自己没有违章，在限期内可以到法院去辩论，最后听取法官的裁决，或被赦免，或被判付罚款。法庭辩论时警察必须到场，在辩论中，一般来说法官绝对是偏向警察的。如果警察不到场来对证，所谓违章者就可以声明自己没有过错，就没事了。女儿给我讲了她自己的一次经历：

我有一次开车被警察叫停，我很奇怪，因为我自认为没有任何违章之处啊。原来他说我的汽车尾气检查超期未做，我的车牌照将被临时吊销。我只好如实地告诉警察，我对尾气检查过期的事毫不知情，也没有注意到是否收到过通知。虽然警察态度很和蔼，但照章办事给我一张罚单，罚单上列的过错是开无牌照的车。这可是个大错，罚款高达270美元。给完罚单后他很认真地嘱咐我说："我建议你去法庭。"这么高的罚款对当时还是学生的我来说简直是天文数字，我打定主意要去法庭碰碰运气。因为万一出庭时警察缺席，就可以被赦免了。我回家后在罚单上填写了"我声明自己无过"的话。不久，我就收到了上庭通知。我如期到庭，同时有不少情形类似的人们，都是吃了罚单要上庭来辩一辩的。当时我在到场的人中没看见抓我的那个警察。到了定好的时间，那个警察还未到，法官就先审那些警察到了的事件。我当然心中一直祷告他千万别来。等到那些警察到了的事件都审完了，剩下我们几个走运的没有警察来对证。法官还特意提醒我们，因为警察没来，你们只需声明无过，就会被赦免。于是我们几个都高高兴兴地大声说：“I plead no guilty.”意思就是“我声明我无过错”。于是最后我就被赦免了。这是本人的一次幸运经历。大多数时候，只要警察缺席，违章者就能被赦免。

违章严重者要到驾驶学校学习交通规则，由警察局的工作人员给他们上课，讲解交通规则和违章事例，放映有关交通事故的纪录片。有的保险公司鼓励车主去驾驶学校学习，并且可以给学习者减10%的保险费。因为，从长远看，不出交通事故对保险公司来说是最省钱的。美国车多，交通事故相对比较少，与他们严格执行交通法规很有关系。美国的交通规则不是由联邦政府制定的，而是由各州制定的。除了州的交通规则外，市、县、镇政府也制定有当地的交通规则。各地车辆管理部门都备有交通规则小册子，可以随时索取。

一位旅居美国的中国人开车接待来美国出差的老同学，老友相见喝酒叙旧是很自然的事。但是他深知在美国对酒后开车的惩罚很严厉，他更清晰地记得：不久前，他的一位同事因酒后开车被罚款200美元，还被强制在车上安装了一种特别装置，这个装置对酒精极为敏感，只要有酒味，车子就无法启动。所以，在两位老友聚会的时候，他为同学要了啤酒，自己只要了果酒。从酒吧出来以后，刚刚坐进车里，就走过来一位黑人警察，他拿出一个深色的小匣子放在车主的面前，客气地说：“伙计，呼口气！”他轻轻地呼了一口，匣子上的红灯闪了两下。警察说：“还好，你喝得不多，但是你现在不可以驾车，你还要接受我的处罚。”

这个处罚就是让他到加州曼海罗医院去当6个小时的护士。他松了一口气，觉得还好，只是干6个小时的活，也没有被罚200美元。第二天下班后，他就乖乖地去了医院，医生把他带进了一间病房，病人多是外伤，形象很惨，而且都是交通事故的受害者。医生让他根据伤者的需要，为他们提供一些服务。这时他才恍然大悟，原来警察是让他体验一下车祸受伤者的生活。他在那个医院当了3天护士，完成了6个小时的工作量。在此期间，他为病人端水、打饭，甚至扶他们上厕所，亲身体会到了受伤后的艰难。从此以后，每当他驾车外出，遇到有人让他喝酒，他都坚决地说："No!"①

## 保护婴孩的交通法规

在美国，对人的终极关怀首先体现在对婴孩人权的保护上。从家庭到学校到社会，首先考虑的是孩子，首先要保护的也是孩子，而且法律对他们的层层保护让他们享受平等的教育和自由的生活，所以美国真是儿童的天堂。在美国，对婴孩乘车、监护都有很具体的法律规定。

美国法律规定，12岁以及12岁以下的儿童一律要坐在后座上，而且4岁以下的婴幼儿必须使用特殊的座位装置。这是因为，儿童的骨质比较柔软，遇到危险紧急刹车，容易受到更大的冲击。刚刚在医院出生的婴孩乘车回家就要有自己的专座，不可以像我们中国这样，小孩子坐车只要大人抱着就可以了。美国人认为这样不安全，一旦发生意外，小孩子的生命没有保障。美国规定：小孩1岁以下或体重20磅以下，小车座必须面朝后；1到4岁，体重20到40磅，小孩子坐的小车座可以面朝前，但必

① 常志喜．美国警察罚我做"护士"．报刊文摘，2007－01－15

须坐小车座；4 到 8 岁，体重 40 到 80 磅，可以坐与大人同样的座位，但是需要一个坐垫，以便能够系高系牢汽车的安全带；8 岁以上或体重 80 磅以上，可以坐与成年人一样的座位，直接系汽车的安全带就可以了。对 4 岁或体重 40 磅以下的孩童坐车的规定各州基本上没有差别。超过 4 岁和体重 40 磅的，各州的规定有些差别。康州的规定是：7 岁以上，或体重 60 磅以上，就可以不用专座了。总的来说，制定这些规矩的基本原则，是为了确保小孩能稳妥地系上安全带。是否需要坐垫来垫高，取决于小孩的身高和体重，而实际上，这也和不同汽车的安全带的设计有关。这主要要看小孩坐在车上，把安全带系上是否合适，如果不合适，说明小孩的块头不够，需要坐垫，如果安全带系上很合适，就不用坐垫而可以与大人一样乘车了。

对于这些法规，如有违反，则要处以罚款。有时候长途行车，小孩子不愿意被捆绑着，他会哭闹，那也不可以给他解下安全带。家长们也都自觉地执行这一规定。但是，有一次我们带着 8 个月大的小外孙出门，由于行车时间比较长，中途在高速公路上他就大哭大闹起来，实在没有办法，他妈妈就解开了他的安全带，把他抱在怀里，想给他喂喂奶。可是刚把孩子从座位上抱下来，立即就有一辆车开了过来，车里的一位警察马上就干涉了，问我们为什么要让孩子离开他的座位，这是不安全的，而且是违法的行为。孩子的爸爸找了些理由并且作了一番解释，警察也就没有出示罚单，但是一再提醒必须立即把孩子放回他自己的座位上去。

在美国，孩子是第一位的，交通规则是保护孩子的。在每一条路上，只要有学校，在车到达学校之前，就有路标明确地告诉你前面有学校，你得注意，车要放慢速度。交通规则规定：凡是校车停放、有学生上下车的时候，其他车辆一律停行，违反者罚款 500 美元。

美国的孩子个个都是宝！我们中国的孩子怎么样呢？2006年11月中旬的一个早晨，我从北京电视台的早间新闻中看到了令我惊骇的场面，那是记者的现场采访报道：几个小学生在凛冽的晨风中等候上学的校车，在孩子们张望的眼神中车开过来了，一辆仅有十来个座位的车，已经载了20多个学生，这几个孩子拼命地挤了上去。接着又推出一个画面，记者说，这辆车也就是20来个座位，挤了60来个学生，还有几个学生等着往车上挤呢！这是一辆送孩子们去一所农民工子弟学校的校车。一年之中，这些孩子就有200多天乘坐着这样没有安全保障的车！难道这些是我们义务教育该遗忘的角落吗?!

# 美国的普通民居

民居是“家”之所在。“家”是维系血缘亲情的避风港，是一个特别温馨、富有情感色彩和情趣的地方。因此，人们对民居是有一定的精神性要求的，也就是说，民居要富有审美和情感，民居不仅仅是简单的一所房子所提供的一个空间。美国的民居是人们精心布置的家园，煞是好看，如诗如画。大多数人家都是独居小洋房，样式各具特色，颜色各种各样，居住分散，环境优美。美国的人均住房建筑面积60平方米，在全世界遥遥领先，而其他发达国家，如英国人均住房建筑面积是38平方米，德国38平方米，法国37平方米，日本31平方米。据美国的一项官方统计显示，2005年，美国单个家庭的私人住宅房屋平均面积从1990年的177平方米增加到207平方米。

## 女儿的家

在美国，我女儿家的房子是极普通的也是极有代表性的一般别墅式民居，是几年前女儿贷款买地盖的。她和女婿都认为，从经济上来说，这要比买现成的房子省钱，特别是其中也包含了他们自己的一部分劳动，而且自己盖的房子，在设计上会更符合自己的需要和情趣。在房子建好、尚未进行室内装修之时，她哥哥恰好去美国洛杉矶出差，专程到东海岸去看妹妹，也去看了他们正在施工中的房子，他向我汇报的结论是“比想象的要好得多”。我不知道他想象中的房子是什么样。为了鼓励居民买地建房，当地小报记者采访了他们，作了报道，还发了照片，宣传了一番。

2005年7月，我去美国住的就是这所房子。房子是木质的，乳白色，朝向东南，两层小楼，一大间地下室（有一张乒乓球台，打球是可以施展得开的），两个车位的车库，地上两层的使用面积约有240平方米，其中有卧室（3间）、卫生间（3个）、厨房、客厅、洗衣间、书房、专用餐厅、储藏间（4个）。厨房的设备很齐全，都是电气化的，电炉灶、电烤箱、洗碗机、微波炉、蔬菜水果粉碎机等，应有尽有。特别是水池子的下水道，有专门粉碎厨余垃圾的设备，连骨头都可以粉碎，很方便。阳台30来平方米，角上置一煤气烤炉，以备烧烤之用，偶遇意外停电，煮个面条什么的，亦可解一时之饥。2006年8月下了一场大雨，电闪雷鸣，风声大作，树被刮倒，电线被刮断，停电一天多，阳台上的烤炉就派上了用场。同时，女婿自备了一台小型发电机，自己发电，保持了冰箱的正常运作，一位邻居把她家的食品送过来，代为保存了一天。

这所房子坐落在一片树林中，为了保证光照充足和环境优美，门前的树被伐掉了一部分，辟为绿地，门旁和墙根附近栽种了几种树，其中有花树，开紫红色的花；草坪边上栽种了几种草本花；车库门旁左边栽的是百合，花开时有白色的，也有粉色的；门旁右侧有个通向后院的花园门，浅棕色，门旁也有小花盛开，有白色的，黄色的；车库通向大路的这段路是他们自己出钱修的（这属于私家路，都要自己出钱修），路边也都栽了花草，其中有我喜欢的蓝色花。从春至秋，树绿草青，花开花落，一景又一景。冬日里银装素裹，也别有情趣。

由于房前屋后的树很多，盛夏时节房间里也不太热，所以女儿家里没有安装空调设备。以我在2005年和2006年两个夏天的体验和观察，确实不需要安装空调，最热的天，气温也就是刚刚超过华氏80度，相当于摄氏26~27度的样子，而且这样的所谓高温天气也就是两三天。他们居住的这一带的居民家里大多是不安装空调的。

美国人的卫生习惯良好，每天必换内衣。各人的衣服每天穿过换下来，装在“筐”里，等到周末休息的时候一起洗，洗衣机是全自动的，容量很大，有色和白色的衣物要分开洗，洗后烘干，极方便。他们在家中一般是不穿鞋的，只穿袜子。衣服不太讲究，以舒适为第一原则。但是特别庄重的集会有穿什么服装的考虑，一些特殊的工作机构也有着装的要求。女婿星期日去教堂时总是衣冠楚楚的。他们讲究食品营养，吃的不太怕花钱。一般来说，家里的冰箱总是满满的，而且冰箱很高大，容量极可观，装满了，一家人吃上一两周都不成问题。对于过期食品，通通扔掉，绝不含糊。据一些媒体报道，美国两亿人口的消费量占全世界消费总量的50%以上，所以有“美国人不消费，世界就感冒”的说法。

女儿住的小区每周三早上会有专车来收垃圾，一周只收一次，所以星期二的晚上他们就把一周攒的垃圾用垃圾桶推出去，放在路边。他们的垃圾分可回收和不可回收两大类，在可回收的垃圾中又分为废纸和塑料瓶罐两类，由不同的垃圾车先后收走。所以，每到星期二的傍晚，各家的门前都摆放上2~3个垃圾桶，只放1个桶的人家很少。生活垃圾多就意味着生活富足啊！

冬天下雪时，各家要负责把自家门前的雪清扫干净，如果雪没有清扫干净，导致路人滑倒，要由住户负责。公路上的积雪是有专门机构负责的，每当雪后，立即就有铲雪车把路面清理好，甚至会清理到各家的门口，在康州的来德亚镇就是这样。草地是属于各家的，也需要经常剪草，如果长高了不及时剪，政府部门就会派人来剪，但那是要付劳务费的。人家帮你把草剪短了，接着就会有账单寄过来。

2006年春夏之季，我的先生在门前的草坪上辟出十几平方米的地，栽种了一些蔬菜。地方不大，种类却不少，有黄瓜、豆角、辣椒、茄子、芹菜、韭菜、生菜、白菜、小葱、西红柿、南瓜、小西瓜等。一分耕耘，一分收获。所种都有所获，不仅自己食用了，还送给了朋友一些；不仅是物质所获，也有精神所得。每当我的先生劳作期间，会有邻人前来参观、聊天，还有路人停下车来，步入小园，夸赞他的勤奋，欣赏他的技艺。他则体验了一种“耕者有其田”的滋味。但是，在美国并非是“有其田”就可以耕的，如有些社区就规定，临街的自家房前只能种植草坪和花卉，以保持环境的协调和美观。

## 别墅居所

按照我们中国人的理解，别墅是指在郊区或风景区建造的专供休养用的园林住宅。按照这样的理解，美国东北部许多人家的房屋都是别墅。因为：第一，美国的东北部整个就是风景区，濒临大西洋，草木繁茂，空气清新；第二，这些房子所处地带都是在郊区。别墅式的房子沿公路而建，颜色以白色为多，偶尔也见有红色的、蓝色的、黄色的、棕色的，在绿树掩映之下，各显其美。各家的房前屋后都有绿地，还有花园或花

白色的房子极普遍

坛。一般是门前种草种花，房后的小花园则种树种花。因各家喜好不同，经济条件不同，私人花园也就“五花八门”了。经济条件好的人家选择名贵的树种和花卉，经济条件一般的人家选择普通的树种和花卉，但是各家都绿化得很好，姹紫嫣红，花香草茂，赏心悦目。

美国的房屋建筑讲究风格与特色，居住潮流称之为郊区化。对于大多数在城里工作的人来说，理想的住处是他们所在城市的郊区，或者是离城市更远的乡间。美国政府还专门制定了建筑法，规定每盖房屋时，必须在占地面积、地下设备、建筑设计等方面接受当地政府的监督和检查，使建筑质量达到一定的标准。一般中等家庭的住房通常拥有卧室、起居室、卫生间和储藏室。美国一般家庭都有两部车，两个车库，房前房后都有绿地。有的家门前还挂着美国国旗。车库内一般放着很多工具，车库同时也就是工具房。一般的房子都有两个或两个以上卧室、一个客厅、一个书房、一个洗衣间、两个或两个以上卫生间。大部分厨房与餐厅是连着的，或有专用的餐厅，专用的餐厅有客人的时候才起用。厨房里的电灶表面是平的，用完后可以直接用抹布擦干净，灶台下面是烤箱，还有洗碗机。在起居室，一般正面有个壁炉，每年进入 12 月就在这里开始为过圣诞节做装饰了。所有人的家里都铺着地毯，而且是那种特别柔软、舒服的地毯。清理客厅和房间都是用吸尘器吸灰尘。各家基本上是一尘不染，地面又干净，又松软。

有的家客厅很大，大得可以放一张台球桌、一张乒乓球台、一架钢琴。好多人家里有钢琴，不少人会弹钢琴。房子结构的设计比较合理，空间很大，房间很多，有专门的客房。卫生间的布置也很讲究，有些主人打理卫生间所花费的心思甚至不下于客厅。从生活经验来看，家中只有一个卫生间是不方便的，而且，既称卫生间，也真的要卫生，这无论对人们的健康，还是家居的美观都是至关重要的。另外，还有地下室，一般人家都是放些杂货，有的人家的洗衣房也在地下室。地下室很大，可以根据主人的喜好，做成健身房或者工作间、音响室，甚至小酒吧等。因为各家经济条件不同，情趣不同，房子的布置也就各有特色。

由于需要整理草地，各家都有锄草机，有的像个小拖拉机似的，可以坐上去，悠然自得地开着车锄草；有的则是手扶式的。一般人家的后院都很大，可以种花种菜，也有的作为小型运动场。有的人家则建个游泳池，这是经济条件更好的人家。小型的住家，如两三口之家，住有两个卧室、一个车库的房子，他们认为是挺适合的了。至于大富人家的住宅，在“郊区化”中则鹤立鸡群，他们的房子，有的是三层楼的，有电梯，客厅高大宽敞，餐厅可容几十号人用餐，有室内热水游泳池，房子周围的地产从几英亩到几十英亩，花园的设计和花草的栽培更是独具匠心，有专门的车房，可容3～5辆车。

一般的美国人住宅多是一幢两层的小楼（不包括地下室），很少见到更高的楼。各家虽然都有车库，但是许多人家的两部车就停放在车库门口，有时甚至一整夜都放在外面，车还不上锁。我女儿他们就是这样，并且出门时家里的门也不会上锁。我们总有些担心，他们却无所谓。这次在美国住了半年的时间，他们就是这样对待锁门和车的问题，的确没有发生任何意外。看来，美国的治安还是比较好的。车不上锁，也很少被盗；各家的住房也基本上见不到防盗门，玻璃窗上也没有加什么防护措施。好多人家的门口都有篮球架，一般只是一个球架，只可以投篮用。屋檐下、门廊边、地面上有各种各样的盆景、花篮，特别温馨。夜里的住宅区很安静，一般路灯都不太亮，各家门口也有灯，灯的样式一家一样，标新立异，各显其美。

美国农民住得也很讲究，房前屋后也是鲜花和绿地。农民家庭也很注重厨房和餐厅的装饰。女儿的婆婆就住在乡村，她和她的邻居们的生活方式与城镇居民完全一样，从衣、食、住、行等各方面看，在美国已经消除了城乡差别，甚至可以说他们基本上消除了“三大差别”。

一位中国学生在美国一年，先后免费住宿在两户人家，第一家住在一座小山上，而那座山实际上就是一个小城镇，有623口人（1997年美国城市人口统计），那家的男女主人都是退休的中学教师，他们拥有自己的直升机和游艇，过着常人眼里的豪门生活。他们家的落地窗外是一望无际的田园风光，云淡风轻，莺飞草长。他们没有富豪的架子，与村里人和睦相处，待人谦和融洽。与他们相处了一周的时间，他就领略了他们在物质与精神上的富足，以及闲逸的美国生活。他住的第二家在一个“大地方”，镇上的人口也不过只有4 000人，这一家是个大家庭，平时只有夫妇二人在家留守，但是，他们有5个子女，孙辈有9个，小孩子经常来造访，家里充满了无限乐趣。女主人待这位中国学生如同自己孩子一样，一直主动为他洗衣服。家里宠物很多，养了一些小猫、小狗，还有两匹马。男主人在家很清闲，几乎不做任何事情，但是他每天在外工作12个小时左右，他的收入是家庭唯一的经济来源。这位中国学生的感受是：“第一次踏上美国领土，第一次融入一个美国家庭，我感受到了美国人的友善与家庭生活的丰富，虽然两个家庭的家境不同，规矩也有很多差别，但是美国乡村和城镇人家的生活都是一样的恬静美好，家庭的温暖也时时在包围着我。”①

① 陈文笠．在美国乡村（下）．新东方英语·中学版，2006（10）

# 公寓住宅

这种色调搭配的公寓居多

市区内的住房多以公寓为主，高层公寓可高到二三十层。公寓有的带家具，有的不带家具。公寓楼大都安装有中央空调设备和供暖设备，房客有停车位。房间的格局分为一个卧室、两个卧室或三个卧室等几种，另外都有厨房和浴室。在美国一般租房多是租住公寓房。公寓住宅区有专门的停车场，但是居民们为了图方便，经常把车停在路边。

美国很多公寓都被称为“成人公寓”。因为在美国租住公寓，有小孩或养狗是不受欢迎的。这主要是因为小孩子们喜欢吵闹，狗更是令他人不得安宁。因此每当有人要租住公寓时，房东或房地产公司往往要调查租住者的家庭人数和人口结构，那些孩子多的人家，往往要被拒绝。他们的出路是去租独门独幢的房子，或者买房，或者买地盖房子。按照美国法律规定，房东无权将欠租房客扫地出门，只能到法院去控告，得到的判决往往是限定住户在一定时间内搬走，以前欠的房租则只有等住户有能力支付时再归还。结果房租难以索讨，房东也无计可施。因此，房东出租房屋时，总是权衡再三，不愿轻易出手，有的房东则要求先付一定押金。一个房客谈妥愿意租住我女儿家的一间房子，并主动要交押金，我女儿说不用交，这种信任使房客非常感动。

另外，美国的住宅都有门牌号，家家都有信箱，自家门前的信箱可以接收来自世界各国的邮件、订阅的报纸和杂志。写好的信，贴上邮票，放在信箱里，邮政人员会自动拿走，帮助寄出。女婿在自家路口处修了一个石头底座的邮箱，高 150 公分左右。每天上午 10 点半左右，一辆邮车会准时从西面驶来，投递员把信、报纸和杂志放入信箱。如果邮件大，他会直接送到家里，家里如果有人就收下，没有人，他就放在家门口。特快专递的邮件，自然是直接送到家里，如果家里没有人，也是放在家门口。星期天不送信。

住宅小区附近都有托儿所、幼儿园、中小学。一般公寓住宅小区会根据条件建游泳池、网球场、儿童游乐园等。这些文体娱乐设施对居民是免费的。

## 房产购置

房价高低主要取决于房子的质量和所处地段，面积大小倒在其次。目前，越是远离市区、靠近海边或风景区的住房越贵。买房手续包括：买主要订立买卖契约，填写表格，说明购房意图，保证不改作商店来招揽顾客，如果房子改变用途，还需要另外办手续，并由邻居表决通过。美国人都说房价甚贵，以万、十万甚至数十万美元计。但是相比他们一般人的收入，相比我们国内购房和收入的比例，他们的房价并不算贵。如在 New London 这样一个小有名气的小城市，购一处二手房，别墅式，地面上两层，总面积约 150 平方米，冰箱、炉灶、地毯一应俱全，谈妥后即可进住，全部费用 20 万美元。在没有名气的小镇置房会更便宜。

女儿家买了一块地，很大，约有10亩，盖了一幢房子，两层，240平方米之多，全部的费用不到30万美元。但是，要贷款，要还息，她也说房子贵。



美国买房盛行分期付款。每月所付的买房款额与租房所交的租金相差无几。从长远看，买房要比租房省钱，因此美国人宁肯节衣缩食，也要自己买房子。不过有了房子，男女主人就要加倍地工作。因为一般美国家庭都不雇用工人，一套房舍，里里外外，收拾整理，修剪草坪，栽种花卉，要花费很多时间和精力。当然，“住”在美国的“衣、食、住、行”中是开销最大的一项。为住房付出的费用是美国人最可观的一笔开销，一般要占一个人总收入的1/4。如果住好一点的房子，甚至要占到1/3，乃至1/2。这个比例之大令人惊叹。有些交不起高房租的人，想租用别人宽敞的汽车间或阁楼，却受到法律的限制，因为法律规定汽车间和阁楼不准住人。在昂贵的房租面前，不仅穷人深受其苦，就连收入较多的中产阶级也难免要皱眉头。例如在纽约，一般中产阶级家庭所住的公寓，包括客厅、2个卧室、厨房和浴室，房价贵的每月要付1 000美元（这样的标准房在北京的大兴区租金在800元人民币以上，这是2005年前后的价格），便宜的也要付500美元以上。即使租一个单间，每月至少也得付200美元。大多数美国人认为，租房难，买房、盖房也不易。美国房价一直在不断地涨。1971年，买一幢普通住房约需25 000美元，1981年已涨为67 000美元，近10年更是直线上涨，但是近一两年房价又有所回落。

与住房相关的还有一些额外的开支，比如要伐掉房前屋后的某棵树，就是一笔不菲的开支。女儿有一位住在New London的朋友，其房屋旁边有一棵大树，因离房子太近，怕树枝断了会砸到房子，那个朋友只好请来了专业伐树人员。来了两个小伙子，他们是兄弟，专门从事伐树工作。他们是开车来的，带着云梯，身上系着保险带。树有十几米高，按照主人的要求，他们很快就用电锯把一部分枝杈给锯下来了，动作十分敏捷，然后把地面清理干净，把树枝和树叶全部运走，收费300美元。

美国是个贫富悬殊大的国家，居住条件的差别也挺明显，有相当豪华的别墅和富人区，在大城市也有居所简陋的贫民区。但是，大多数人的居住条件是安适的，农村与城市的差别很小。乡村小镇一样有麦当劳、购物连锁店，其内部的布局也与城里的一模一样。一望无际的整整齐齐的麦田、马铃薯地、油菜花地，田边停着小车，同样让你感受到一种现代的美。据说，农民也要放假、旅游，甚至可以申请不种田。

现在美国大城市的居民往往在郊区购置房地产，迁到远离喧嚣闹市的郊区居住。香港《星岛日报》2007年3月报道说，美国人口普查局报告显示，美国25个大城市中，有18个城市的迁出人口多于迁入人口。2006年，由城市迁往郊区居住的人数创历史新高。在2000年至2004年，纽约、洛杉矶和芝加哥这3个美国最大的城市流失了大量居民，其中纽约迁走的居民超过21万人，而迁往郊区的许多人是为了追求简约的生活。他们认为在郊区同样有互联网服务，不至于闭目塞听，与社会脱节。也有人认为，郊区的生活费低，在郊区生活就不用埋头拼命工作了，这样可以多一些时间享受天伦之乐。也许这就是美国和美国人吧！

# 国会大厦

这些年来，我到过国内国外一些地方，看过一些名胜，留下最深刻印象的是美国的国会大厦（The Capitol）。我称她是美国的“国色天香”，我喜欢她的“容貌”、她的情调、她的气质、她的胸怀，还有她的坚强。她是华盛顿最美丽、最壮观的建筑，也是一直向民众包括向外国人终年开放的场所。一周开放7天，一年之中除了感恩节、圣诞节和新年3天之外，每天上午9点至下午4点半都准时开放。她敞开大门欢迎来自五湖四海的参观者，只需本人去领一张参观票（免费），不要任何证件。她也受到过枪声、暴力的威胁，但是没有因此把自己封闭起来，也没有把民众拒之门外。她的建筑风格，她的行为理念，无不体现着自由民主。感受美国，必到华盛顿（特区）；到华盛顿，必参观国

蓝天白云下的国会大厦

会大厦。国会大厦是美国国会的办公大楼，也被称为国会山，她坐落在海拔83英尺的高地上。

## 美国人心中至尊

国会大厦是华盛顿的中心点，占据着全市最高的地势。美国政府规定，市内其他所有的建筑都不得超过国会大厦的高度，因为她是代表全体美国人民的建筑。从外面看，国会大厦上部是一个大圆顶，顶上有一尊自由女神像。那尊青铜自由戈神雕像，高6米，重6 364公斤；自由女神头戴鹰冠，冠下有一排五角星（鹰和星都是美国的标志），左手拿着花环和盾牌，右手放在宝剑上，尊贵而威严。铜像底部周围刻着美国人的座右铭——“合众为一”。大厦的四周围绕着草坪和树木。白天远眺这座大厦，有如一尊象牙雕刻，玲珑剔透；晚上，被灯光照亮的乳白色大厦，有如天上宫阙，晶莹辉煌。无论何时，它都是华盛顿最引人注目的路标。这里也是电视中美国政治新闻报道的最佳背景。从国会大厦到华盛顿纪念碑，是一条直线，中间是开阔的大广场。说是广场，却不同于我们的天安门广场，它实际上是个大草坪和大水池，草很绿，水很清。国会大厦坐落在占地210英亩的美丽公园内，美国国旗不分昼夜地飘扬在大厦的上空。大厦气势雄伟、肃穆巍然，脚下原来是一座名叫詹金斯的小山，自从国会大厦来山上落户，人们改称这里为国会山。国会大厦身长214米，宽107米，高88米，用白砂石和大理石建成，整个外表呈乳白色，共有大小厅室540间，658扇窗户。美国建国之初，并无国力搞这样宏大的建筑。所谓华盛顿总统当年奠基的国会，只是一幢供百十人开会的小楼。而在1814年第二次美英战争期间大厦还被英国人焚烧，部分建筑被毁。其后经过上百年不断的修缮和增建，如增建了参众两院会议室、圆形屋顶和圆形大厅，直到1962年，国会大厦才具备目前的规模。

大厦正面朝东。主楼中央的圆形大厅入口处的铜门叫哥伦布门，有10吨重，上面刻着描述哥伦布发现新大陆的浮雕。圆形大厅直径约30米，高达55米，宽敞宏阔，金碧辉煌，可容两三千人。四周的墙壁上挂着八幅巨大的油画，展现了美国的发展史。仰望圆穹顶，可见风格浪漫的天顶画，中央绘着“华盛顿之神”，又在这位开国总统的两边，画上胜利女神和自由女神，另外还画了13幅女神像，代表立国13州。它是19世纪意大利画家布伦米迪画的。画上的人物有4米多高，这样，观众仰望时就会感到自然逼真。遗憾的是，布伦米迪只完成了他作品的一部分，他在作画的时候不幸从画架子上跌下来，几个月后就去世了。后来，他的学生按照布伦米迪的草图完成了遗留下来的部分。大厅内伫立着华盛顿、杰弗逊和林肯等人的石雕像。从圆形大厅向左拐，另有一个半圆形的雕像厅，内有几十座巨型的雕像，有铜塑，有石雕，或坐，或立。他们是各州选送的名人雕像(每州两名)。

国会大厦东面有一座在美国政治中意义非同寻常的建筑，它就是美国最高法院大楼。国会大厦和最高法院之间是一个可以容纳数万人的广场。每当举行新总统宣誓就职仪式时，数以万计的人聚集在这里。四年一度的总统就职典礼，要面对成千上万的观众。宣誓仪式在国会大厦对面广场的东门廊举行，由最高法院首席大法官主持。新总统宣誓就职后，就从这里前往白宫正式上任。自从托马斯·杰弗逊总统1801年宣誓就职以来，美国总统就职仪式大都在国会大厦举行，唯一例外的是1945年富兰克林·罗斯福总统的就职仪式是在白宫举行的。国会两院会议厅分设在大厦的两翼，南厢为众议院，北厢为参议院。两院的权限基本相同，美国法律都要经过两院通过，但两院还各自拥有一些宪法规定的特殊权力。参众两院的会议厅都设有听众席。美国公民可以从本选区的议员那里取得旁听证，去亲眼看一看开会的情况，听一听议员们的辩论。近年来，国会又进一步开放，在两院会议厅中装了闭路电视，向全国转播议员议政的全过程。各州的选民可以随时看到本州议员在国会中的表现。



我于 1993 年 12 月和 2006 年 4 月两次参观美国国会大厦。1993 年 12 月的那次参观，是与我的 3 位同事加入了一个从加拿大的多伦多过来的旅游团，一行 20 多人，由导游带领，随人流参观，所到之处，时间都很紧，目不暇接，匆匆而过，只有国会大厦门厅内和大厦前的留影记录了那次参观。2006 年 4 月 4 日的参观，是女儿陪着我们夫妇俩，还有 9 个月大的小外孙及外孙的伯伯 Ewen。Ewen 有 40 多岁了，是个律师，190 多厘米的高个子，很有礼貌，家住在华盛顿。1997 年他陪我参观过白宫、美国最高法院和国会图书馆。这次参观，约定我们在中午 12 点多到达，由他先去排队领票，以便我们能够赶上下午 1 点半那一组的参观。但是由于要求领票必须本人去，当排队轮到他的时候，我们还没有到，他只好先拿到了他自己的一张，发票的工作人员答应给留几张，等我们到了的时候再给我们。但是，当我们 1 点钟赶到的时候，工作人员已经换了，她不肯兑现她前任的承诺，我们只好领了 3 点半参观的票，Ewen 1 点半的票被收回，换上了 3 点半参观的票。这样，距参观国会大厦的时间还有两个多小时，我们就去宇航博物馆参观和吃中饭，又游览了华盛顿花园。

发给参观者的介绍材料上说：“能够将国会大厦保持成为对参观者罕加限制的大楼，国会将以此为荣。”可见，他们很得意，也用心良苦，随时向参观者宣传美国式的民主，展示美国政府的“民主”形象。在中午领票的时候，我注意到在领票处门口有警卫流动值勤，显然在“9·11”事件之后，美国的重要机构都加强了安全防范措施。在我们等候参观的时候，有一位年纪不小的女士在值班。按照票上规定的时间，她随时安排参观者排队前往大厦。参观者都要接受安检，吃的、喝的，绝对不可以带进大厦，但婴儿车可以推进去。如携带食品和饮料，一律都要扔到附近的一个垃圾桶里。

在参观中，残疾人和带婴孩者会受到照顾。安检之后，在厅里坐下，听一位工作人员宣讲参观注意事项。然后，从这里开始我们受到优待。因为我们推着婴孩车，一位工作人员带路送我们乘电梯上去，而不必同大家一起拾级而上。以后凡是要上下楼梯的地方，都有工作人员带我们乘电梯。几乎每次我们都要比“大部队”先行到达下一个参观点。参观中有一位讲解员陪同，是一位50岁开外的女士，她讲解得很详细，语言幽默，不时引起一阵笑声。特别是她对我们的小外孙非常友好和感兴趣，时不时地在讲解中把他扯上，在讲解结束的时候，她高兴地说：“你这个小宝宝太可爱了，我真想把他带回家去。”的确，我们也觉得自己的这个宝宝很可爱，他在一个小时的参观中，没有一丝的哭闹和不耐烦，专心致志地听着，看着。也许是这里的高雅氛围使一个婴孩都感到心旷神怡。

## 大殿里的小生意

美国人对国旗的钟爱在全世界都是很出名的。平时许多人家在门口悬挂国旗，到7月4日国庆日前后挂国旗的人家会更多，举国就成了星条旗的海洋。作为国家机关和各种社会机构，如议会大厦、司法行政机关、学校、公司、宾馆、商场，几乎没有不挂国旗的。每年6月14日的国旗日时，各州都举行纪念仪式，公共场所都悬挂国旗。美国的法律允许企业生产印有国旗图案的各种产品，包括服装、玩具、食品等，所以国旗无处不在。

在国会大厦的众多参观者中有一位细心的游客，他注意到国会大厦的两个黑人警卫每隔一会儿就把国旗降下来，细心地叠好，拿进大厦，然后再升起一面新的国旗，循环不止，表情严肃。他感到有些奇怪。后来这位游客弄明白了究竟。在一楼有个参议院的礼品中心，礼品中心卖国旗等礼品。星条旗作为纪念品售价为 18.75 美元，但是在国会大厦的上空飘扬过的国旗，就可以卖到 22.05 美元一面。人们都喜欢买飘扬过的国旗。谙熟生财之道的国会人士就令警卫频繁地升降国旗。据说，自 1937 年以来，国会已经卖出了 240 万面国旗。在美国独立 200 周年纪念日的 1976 年 7 月 4 日，一天竟升降了 10 471 面国旗，而且全部卖出①。

## 安抚奴隶的幽魂

每个国家都有令自己尴尬的历史，美国也是一样。美国的黑奴制度存在过很长一段时间。南方的奴隶制是美国当时原始落后的一个重要原因。美国的南北差距非常之大。1800 年，生长在北方的约翰·亚当斯总统来到建设了一半的首都华盛顿，这是他第一次来到“南方”。亲眼看到了奴隶劳作的现实，他非常不快，感到十分忧虑。这就是美国的历史包袱。200 多年前，美国南方的奴隶劳动是“正常”的现象。是他们在砂岩上堆起了国会山，盖起了巍峨的国会大厦。到美国南北战争期间，1862 年 9 月林肯颁布《解放黑奴宣言》，南方的奴隶制才终于被废除。

今天的华盛顿已经是一个现代化的大都市。民众的代表，包括黑人的代表，在国会大厦进进出出。历史翻开了新的一页，当年国会山下劳动的奴隶，也许已经完全被人们忘记了。但是，几年前，一些历史研究人员在美国财政部翻阅文件，突然发现了财政部当年向奴隶主支付奴隶“租金”的文件。于是，尘封多年

① 常敏毅．美国国会大厦印象记．前进论坛，2000（4）

的往事又被重新提起。经过几年的研究，确认有400多名奴隶曾经参与了国会大厦的建设。2005年5月的最后一天，在华盛顿，美国国会的两大党领袖一起宣布了一项决定：国会要专门成立一个小组，研究这段历史，查明全部实情，并且对奴隶们建造国会大厦作出的贡献，提出国家的纪念方式。人们常常传说，一些有冤情的魂灵，会不肯离开他们生前待过的地方。200多年来，也许美国国会大厦的大厅里一直飘荡着奴隶们的游魂。200多年过去了，美国民众在逐渐建立起自信之后，一直在一桩桩地清理那些令自己感到难堪的历史旧案。只有清理，才能给历史一个明确的说法。从国会山竖起奴隶纪念碑的那一日开始，200多年前的那些奴隶之魂也就得以安息了，美利坚合众国也才能因此卸下一个沉重的历史包袱，开始迈向新的历史征程[①]。

## 国会大厦的枪声

美国人很为国会大厦自豪、荣耀。国会大厦有“民主象征”和“人民之家”的美誉。然而，自1835年以来，在国会大厦发生过多起枪击、爆炸或暴力事件。会议厅、办公室遭到过破坏，甚至有人伤亡。

1998年7月24日，美国国会大厦又发生了枪击事件。当日下午，国会大厦像往日一样平静，议员们或在办公，或在开会。来自世界各地的游客络绎不绝。大厦的保安人员也一如既往地巡视着。15时40分，一名中年白人男子出现在正门口。当他通过安检门时，警报铃响了！他突然从怀里掏出一把手枪，一边射击，一边往大厦里冲。门口的一名警察中弹受伤。另一名警察举枪追击，那名男子慌不择路，最后闯进一位议员的办公室。见此

① 林达．国会大厦里的游魂．南方都市报，2005－09－15

情景，正在执勤的一位便衣警察立刻开枪射击。双方展开了枪战。顷刻间，肇事者、便衣警察和一名女游客应声倒地。大约下午 6 时，中弹的两名警察因抢救无效而死在急救室。克林顿总统惊悉他们殉难，随即发表声明，向他们表示哀悼，并向家属表示慰问。国会大厦也降下半旗致哀，并对两名殉职的警员举行了国葬。

肇事者受伤后被逮捕。此人精神异常，现年 41 岁，是个流浪汉，来自蒙大拿州。在美国特工局的电脑里，他早已被列入“危险人物”名单。两年多以前，他曾扬言要刺杀克林顿总统。特工人员和医生当时对他进行了调查和询问，判定他精神异常，因此当时没有对他采取限制行动。

美国人没有因噎废食，枪声没有阻挡国会大厦开放的脚步，她照样笑迎八方游客，对婴孩、残疾人更是殷勤关爱。这就是他们的大气，就是他们的难能可贵之处。

## 中国人的美国情

国会大厦是美国的标志，在她的对面千米之遥的华盛顿纪念塔也是美国的一个重要标志。说到国会大厦都会联想到美国之父——华盛顿总统。在此，我想应该说一说华盛顿纪念塔里的汉字石碑。

在华盛顿纪念塔的第 10 层的西壁上镶嵌着一方花岗岩石碑，碑文用汉字刻写，内容是：

> 钦命福建巡抚部院大中丞徐继畬所著《瀛环治略》曰，按，华盛顿，异人也。起事勇于胜、广，割据雄于曹、刘。既已提三尺剑，开疆万里，乃不潜位号，不传子孙，而创为推举之法，几于天下为公，骎骎乎三代之

遗意。其治国崇让善俗，不尚武功，亦迥与诸国异。余尝见其画像，气貌雄毅绝伦。呜呼，可不谓人杰矣哉！米利坚合众国以为国，幅员万里，不设王侯之号，不循世及之规，公器付之公论，创古今未有之局，一何奇也！泰西古今人物，能不以华盛顿为首哉！

大清国浙江宁波府镌　耶稣教信辈立石

咸丰三年六月初七日　合众国传教士

（注：原碑文无标点）

上述碑文为150多年前所写，大意是：

皇帝任命的（中国）福建省省长徐继畬所著《瀛环治略》一书说：华盛顿是一位不平凡的人物。他为国家起事强过中国的陈胜、吴广，开阔疆土比曹操和刘备还英雄。他虽然拿起了武器，打下了万里江山，但是不自称帝王，也不传给子孙，而是创立选举制度，使天下为公。他治理国家尊重好的风气，不尚武功，这也和别的国家不一样。我看到他的画像，气貌雄伟超过常人。真正是杰出的人物啊！美利坚合众国建国成功，疆土万里，不设立王侯的称号，也不走世俗的道路，大家的事大家来讨论，开创了古今从来没有的新风气。在西洋历史人物中，谁能不认为华盛顿是最值得崇敬的人物呢？

大清国浙江宁波府刻字　耶稣教教友立碑

咸丰三年六月初七日（即公元1853年7月12日）

美利坚合众国传教士记事

徐继畲所著《瀛环治略》于1848年出版，书中描述了世界地理的简明图像和多元世界的开放进步观点，不仅在中国，而且在日本和世界其他一些国家都享有盛誉[①]。

1998年6月29日，美国总统克林顿访问我国，他在北京大学发表讲演时就谈到了汉字碑和徐继畲，并成段引据碑文，说对华盛顿的这个评价不是出自美国人，而是福建巡抚徐继畲。他说："1853年中国政府将它勒石为碑作为礼物赠送给我国。我十分感谢这份来自中国的礼物。"这座著名的汉字碑历经一个半世纪的风雨沧桑，更显其光辉，它见证了中美两国文化交往的历史，也见证了中国人民对美国自由民主制度的赞赏。

① 李元．汉字石碑中华情．知识就是力量，1999（4）

# 三看白宫

美国的 White House 中文译为白宫，从字面上看，House 的主要词义并无“宫”之含义；实地观察 House 的规模，称之“宫”也言过其实；看那 House 可以随便让游人参观的做派，也不具有“宫”的森严与威势。但是那里的主人是美国的一号人物，要是我们中国的一号人物，大家也许会亲切地称之为一号首长。因为他是美国的一号，他是管理一个国家的人，按照中国的传统，把他住的地方称之为“宫”，也在情理之中。

富兰克林·罗斯福曾经说：“我永远不会忘记我曾经居住在一间属于全美国人民的屋子里。”克林顿总统在任时就表示，他和夫人希拉里真心地欢迎大家光临白宫进行访问。早在比尔·克林顿还是个高中生的时候，他作为国家的杰出少年参观过华盛顿特区，并有幸在白宫玫瑰园与总统肯尼迪握手。此后，他就心仪总统的职位，知道成为美国总统就可以做些不同的事情，并可以改变自己的人生。

## 开放的白宫

众所周知，白宫既是美国政府首脑的办公场所，也是美国历届总统“第一家庭”的居家休憩之地。现在，白宫已经成为美国政府的别称，“白宫发言人”意即“美国政府发言人”。白宫无论从其沧桑阅历、建筑样式，还是艺术收藏上看，都堪称美国的一大宝邸。白宫，印证了美国社会从近代到当代演变的历史轨迹。

作为当今唯一的超级大国的首脑机构，作为世界上唯一定期向公众开放的国家元首的官邸，白宫揭开了她神秘的面纱，每年都迎来大批的游客，使得平民布衣也有机会看到她日常运作的情景和“第一家庭”饶有情趣的生活。据说，每年还有20 000名实习生出入白宫。美国中学生有一项“少年领袖训练营”活动，幸运的中学生也会被派到白宫实习。

我于1993年12月、1997年8月和2006年4月三次到华盛顿看白宫。第一次和第三次都只是隔着街道看到了白宫朝北的正门及门前的草坪，拍个照而已。1997年那一次真正走进了白宫，进行参观。那次参观，得益于女儿的一位美国朋友的帮助，他牺牲自己的时间，起早排队拿到了白宫参观券，并陪同我们参观和给我们拍照。两次远观白宫也有不同的感觉。照片上记录第一次看白宫是1993年12月6日，照片上的白宫清晰醒目。12月初的华盛顿，天空是蓝蓝的，漂浮着几朵白云，大部分的树叶已经飘落，树枝光秃秃的，草地还展示着绿色，冬青树也一如既往地绿着。白宫正门前苍翠的绿树和茸茸草地把白宫映衬得清爽淡雅。白宫虽伫立街边，街上的车并不多，白宫及其周围给人以开阔、祥和、安静、平实的感觉。2006年4月看白宫，正值樱花盛开的时节，白宫沐浴在春色里，周围的树绿绿的，草青青的。但是，白宫的周围增加了坚固的栅栏，一人多高，黑乎乎的，给人以壁垒森严的感觉，往日的轻松、安详已不再。众所周知，这都是“9·11”事件造成的。

白宫也还大度，虽然在“9·11”之后停开了一段时间。2002年2月，白宫恢复了部分参观活动，但只限于学校、青年团体、军队以及老兵组织。2003年9月4日东方网消息，据美《华盛顿邮报》报道，因“9·11”事件而暂时中止公众参观的美国白宫在事隔两年之后，将于当年9月重新向公众开放。白宫在9月2日宣布，从9月16日开始，每周二到周六，公众将可以按照事先的预约参观白宫。参观白宫虽然不收费，但是对华盛顿的旅游业却有不小的影响。华盛顿特区会议与旅游公司首席执行官威廉·A. 汉伯瑞称，在“9·11”之前，每年约有2 000万人来华盛顿旅游，但在2001年和2002年，这一数字下降到1 800万。华盛顿旅游部门的官员对重新开放白宫表示欢迎，称此举具有重要的象征意义，将给因“9·11”事件而陷入困境的华盛顿旅游业带来巨大好处。汉伯瑞说：“相比较华盛顿其他的建筑，白宫更是这座城市的象征。重新开放白宫是一个积极的现象，表明美国的首都是开放的、热情的和友好的。”

参观白宫不花分文，在华盛顿其他地方参观也都不收费。每年到白宫参观的人有150万之多，在旅游旺季，白宫一天要接待6 000人。进入白宫要先领票，一般在上午9点之前门票即被领取一空。

## 白宫的建筑

白宫是美国的政治中枢。它坐落在华盛顿市中心的宾夕法尼亚大街1600号；西经77.036 67度，北纬38.895度；占地73 000平方米。它通体洁白，在绿树、鲜花、喷泉的掩映和衬托下显得十分素雅、庄重。在这里，美国总统作为国家元首、政府首脑和三军总司令，行使着宪法所规定的职权。在人们心目中，白宫代表着美国三权分立之中的行政权。在规定的参观时间内，白宫有十余个房间对外开放，包括白宫的东翼，主楼底层的外宾接待室、瓷器室、金银器室、图书室以及一楼的东大厅、国宴厅、红厅、蓝厅和绿厅等。在这里可以看到美国历届总统办公、会客的场所，以及一些室内的艺术品，还可以了解到美国历届总统的政绩和爱好。

白宫的基址是由美国开国元勋、第一任总统乔治·华盛顿选定的，但是华盛顿本人并没有住进去。白宫始建于1792年，

1800年基本完工。白宫的建筑风格是设计者根据18世纪末英国乡间别墅的风格，参照当时流行的意大利建筑师柏拉迪的欧式造型设计而成，用弗吉尼亚州所产的一种白色石灰石建造。但当时并不称“白宫”。第四任总统詹姆斯·麦迪逊在位时期，英美两国发生战争。1814年8月英军纵火焚烧白宫，大火将官邸的墙壁熏得黝黑，幸好突降暴雨，白宫才没有化为乌有。战争之后，重修白宫，设计者为了掩盖大火焚烧的痕迹，采用白色油漆将官邸粉饰一新。再后来重新修整总统府时，完全用白色大理石来装饰，成了名副其实的“白宫”。1902年，西奥多·罗斯福总统正式命名该官邸为白宫（White House）（亦有说是1901年命名的），又称“天字第一号讲坛”（Bully Pulpit）。第一位住进白宫的主人是美国第二任总统亚当斯，之后，历届总统都以它为官邸，白宫成为美国政府的代名词，所以白宫又称为“总统宫”。凡总统在华盛顿时，白宫一定悬挂美国国旗。

白宫的正门朝北，门前有草坪和花坛，进门后依次是大理石结构的门厅、内厅和有名的蓝厅、红厅和绿厅以及外交接待大厅。门厅气魄宏大、宽敞明亮。四周墙上挂着20世纪美国总统的肖像。白宫的南面是一片绿树掩映、芳草如茵的大草坪，两侧是茂密的树林。总统迎接外国首脑的隆重仪式常在这里举行。1979年，时任中国国务院副总理的邓小平访美，在此受到卡特总统的欢迎。这里也是总统及家人散步休息的地方。这里还是总统的直升机起降的地方。白宫东面为一花园，西面为玫瑰园。还有一个网球场，种有80余种树木和许多花卉。

白宫的主楼宽51.51米，进深25.75米，是一座具有100多个厅室的3层楼房，由主楼和东、西两翼配楼组成。其中最主要的厅室是西翼内侧的椭圆形总统办公室，建于1909年。它宽敞、明亮，天花板上刻有总统印章的浮雕；地上铺着一块巨大的蓝色地毯，地毯正中织有美国总统的金徽图案：50颗星排列成圆形，环绕着一只鹰。总统的办公桌是1880年维多利亚女王赠送给拉瑟福德·B.海德的。从此，历届总统都使用这个办公桌。1963—1977年，这张办公桌在史密斯索尼亚学校展览过，桌面上有里根总统保存的一件饰物，上面写着他喜欢的一句话："如果一个人不在乎谁来获得荣誉，那么他所能做的事和能去的地方将永无止境。"办公室后部两侧分别竖立着美国国旗和总统旗。正面墙上是身着戎装、威容凛然的华盛顿油画像，两边摆着两只雅致的中国古瓷花瓶。办公室左边的墙架上还陈列着各国贵宾赠送的礼物。

底层的外交接待大厅也呈椭圆形，是总统接待外国元首和使节的地方，墙上挂有描绘美国风景的巨幅环形油画。图书室约60多平方米，按19世纪早期风格布置，室内的桌、椅、书橱和灯具等均为古典式。里面存有数千册美国作家的代表作品及美国历届总统的资料。地图室珍藏有各种版本的现代地图集和一幅名贵的在18世纪绘制的地图。"二战"期间，这里曾是罗斯福总统研究战争形势的密室。

红厅具有19世纪初的装饰风格，色彩绚丽，卓然不群，给人以温馨之感。第一夫人（即总统夫人）常在此接待她的宾客。国宴厅位于一楼西端，是白宫第二大厅，可容纳140人用餐，以其华丽的装饰和精致的餐具著称，桌椅家具全为橡木质地。厅中墙上还悬挂着林肯的画像。美国总统常在这里宴请贵宾。壁炉架上刻着约翰·亚当斯总统入主白宫第二天写下的几行警语："我祈祷上苍赐福予这幢房子和今后居住在这里的所有人。愿唯诚实和智慧的人在此屋顶下永远统治。"诚然，白宫主人并非都像亚当斯希望的那样诚实和智慧，但让美国人足以自豪的是：所有的白宫主人都是竞选上台的。

东大厅是白宫中最大、装饰最豪华的厅堂，长约24米，宽约11米，可容纳200多人。这里有敞亮的落地窗，光洁的橡木地板，巨型的水晶吊灯和烛台，讲究的钢琴的琴腿上雕饰着4只金鹰，还有18世纪名画家吉尔伯特·斯图亚特的传世名作——华盛顿及其夫人全身像的巨幅油画。这里曾是美国总统及其家人举行婚丧大事的场所，现在为美国总统举行酒会、文艺演出和记者招待会时所用。



白宫的经典艺术收藏品是美国的骄傲。白宫里收藏着不少精美的金银器和瓷器。"丹红厅"又叫"金厅"，是金银器室。枝形水晶吊灯、黄绿相间的土耳其金线地毯，再加上室内陈设的琳琅满目的金银器皿，使人仿佛置身于几百年前欧洲贵族的宅邸之中。与"丹红厅"一墙之隔的是瓷器室，这里汇集着众多的名贵瓷器。瓷器色彩斑斓，造型奇特，反映着世界各地瓷器的不同风格。这里的瓷器和"丹红厅"的金银器，只有在举行招待尊贵国宾的盛宴时，才被使用。

## 白宫的故事

白宫有许多故事。在这里居住过的家庭享有极度的荣耀，但也不是所有的居住者时时都感到幸福和快乐。中国有"一入宫门深似海"之说，美国有"白宫的囚徒"之说。有时候他们没有一般家庭的轻松和自由，没有表达亲情的机会。尼克松因无暇出席女儿订婚的仪式和晚宴而倍感惆怅和内疚。罗斯福的夫人回忆说，孩子们想见父亲，竟需要预约。孩子们想向父亲说心事，总统父亲顾不上听。加菲尔德的儿子哈里回忆说，他在17岁的时候爱上了一位姑娘，想向父亲报告，但是父亲公务缠身，足足等了一个月。

白宫从很早开始就有个规定，总统可以从政府基金中提款来购买正宗的中国陶瓷。在拨款账单上另有一条特别说明：可以将"旧陈设"变卖的资金用来购买新家具。在19世纪，白宫经常将碗橱清洗干净后拿出去拍卖，所得的资金用来订购上好的中国陶瓷，将总统和他的家人的房间装饰一新。

白宫刚刚落成的时候，条件也不能与现在同日而语。刚刚落成的白宫只有 36 个房间，大部分还没有弄好，不能使用，能使用的只有 12 间，里面尚有潮气，设备也不齐全，洗了衣服没有地方晾晒，取暖都成问题。亚当斯的夫人在给女儿的信中抱怨说："这座房子经过修整，看上去是可以住人了，但是在这个巨大的建筑中，居然连一个召唤仆人的铃铛都找不到。"到 1853 年，白宫安装了水暖设备，才告别了寒冷的冬天。

威尔逊总统的第二任夫人给白宫留下了一段佳话。威尔逊的前妻去世后，他很苦闷，在白宫中深居简出，后来在电梯里结识了伊迪斯，两人于 1915 年结婚。"一战"期间，威尔逊夫妇带头节衣缩食，用实际行动支援前方。威尔逊夫人还在白宫里架起了缝纫机，为前线将士赶制救护用品。她还在白宫的草坪上养起了小羊，一来可以节省剪草的开支，二来可以剪羊毛增加收入。草坪上悠然自得的羊群，使白宫看上去仿佛是一座乡间别墅。

在美国，有白宫"闹鬼"的传说。据说最有名的"鬼"是林肯总统。富兰克林·罗斯福总统曾说过，每次当他进入蓝厅，他都感觉林肯跟着他。里根总统的爱犬每次进入林肯卧室时都狂吠不已。杜鲁门总统生前，有一次凌晨 3 点听到敲门声，当他从被窝里爬出来开门时，却发现外面根本就没有人。他后来对人说，肯定是林肯在敲门。据说林肯的"鬼魂"常在白宫二楼的过道里大步行走，不时轻轻地敲门，有时候背着手在窗前沉思。一位白宫工作人员声称，他曾经看见林肯的"鬼魂"坐在他的床前穿靴子。美国人喜欢听鬼故事，也喜欢讲鬼故事。很多关于白宫鬼魂的笑话，早已成为美国人茶余饭后的谈资。最有名的一个笑话是这样的：一天晚上，布什总统在白宫被乔治·华盛顿（其实华盛顿生前从未在白宫住过）的鬼魂惊醒。布什问华盛顿："要治理好这个国家，我最需要做什么？"华盛顿建议说："树立一个诚实和受人尊敬的榜样，就像我一样！"第二天晚上，托马斯·杰弗逊的鬼魂从黑暗的卧室里走出来，来到布什跟前。布什又问："要治理好这个国家，我最需要做什么？"杰弗逊建议道："减税！精简政府！"布什一整夜没睡好，一会儿又看见了林肯的鬼魂。布什问了同样的问题，林肯答道："到剧院看戏去！"（林肯是在剧院被暗杀的）这可把布什吓出一身冷汗。现在老百姓调侃当官的是小菜一碟。在我们中国，给领导人编排点什么，大家听听、笑笑，也是常有的事。华盛顿和林肯都是美国历史上很有威望的总统，他们的思想和威严永垂不朽。从白宫仅悬挂华盛顿和林肯两位老人家的画像，以及他们的英魂经常出没白宫的故事，也足见他们的影响和威慑力非同一般。

白宫大厨罗兰·梅尼耶的故事也富有一定的传奇色彩。法国厨师罗兰·梅尼耶在白宫厨房度过了1/4个世纪，为5位总统及其家庭服务，并与他们成为好友。一个一个总统离任后还定期来看望他，他的个人相册里有这些总统每年圣诞节偕夫人及子女来白宫时的照片。对此，罗兰感到非常自豪。

罗兰出生在法国一个有9个孩子的家庭。他没有在专科学院学过烹饪，从12岁开始自学成才。他在法国许多餐馆和饭店都干过，其中包括巴黎著名的乔治五世饭店。后来到国外发展，先后在德国、英国和百慕大的著名饭店工作过。1976年4月，罗兰只身来到美国，那时他还是一个32岁的爱冒险的青年。他在弗吉尼亚的一家宾馆谋得了一份工作。在一些政治会议和大选期间，他们的宾馆接待白宫和五角大楼许多来访的官员和顾问，其中有些人成了他的朋友。1979年10月，他认识的一个白宫顾问对他说，卡特夫人正在物色甜点厨师，并鼓励他主动联系一下。他鼓起勇气给白宫的餐厅总管打了电话。后来他收到了一份履历表，填好后寄给了白宫。但是他根本不敢奢望会得到这份工作。

表格寄出了两个月，没有任何消息。到12月初，突然有人约他去白宫面谈，他就开着一辆破旧的汽车进了白宫的大门。同白宫餐厅会议事务负责人进行了3个小时的谈话以后，那位负责人对他说，卡特夫人想见他。在所有来应聘这个职位的人中，他是卡特夫人唯一想见的人，这使他备受鼓舞，他感觉“有戏”。不到两小时，这位美国第一夫人就要他尽快投入工作。于是他就成了第一夫人选中的白宫甜点师。

关于在白宫工作的体会，罗兰说：“大家都知道白宫的政治和管理职能，但它首先是一个大家庭。因为在每次总统大选后，一个新的家庭就会入住这里，不仅仅是总统和第一夫人，还有他们的儿孙。我们必须考虑周全，我们要适应每个总统家庭的个性和生活方式。”令罗兰满足的是，他在担任面点师期间，先后与上任的5位美国总统建立了友谊，与他最知心的是里根夫妇。他说：“里根是一位好总统。他和克林顿在政治和人格等各个方面都十分有魅力。里根是单纯、友善的美国人的楷模，他让我想起了美国西部电影里的一些人。南希·里根是我心中最爱的美国第一夫人，她是一位美丽、可爱、待人友善的夫人。作为第一夫人，她给了我创造性的思路，使我成功地做出了各种造型的甜点，使美国总统、官员和他们尊贵的客人们在多年以后都会回忆起我做的那些点心并记得我。”

在白宫厨房工作20多年的经历一定会有许多的秘密、回忆和逸事。但是罗兰说：“职业的纪律教育使我无论是在白宫的日子还是在退休后，都不能透露那些总统和他们家庭的任何秘密或对他们有害的任何情况。”他对人们说：“你们别指望从我这里听到有关莱温斯基问题的一个字。在我的回忆录中，我也绝不可能透露任何事情，尽管我知道一些事情。”对于一些笑话和逸事，他认为透露一下也无妨。他说了这样两件事，“卡特总统在每个周末过后回白宫，把他在戴维营总统官邸钓的鱼当着我们的面放到餐桌上，并吹嘘说他出去钓鱼从不空手而归。他还夸张地跟我们谈他的钓鱼秘诀。对他说的话，我们大家都予以附和，尽管我们知道情报局的人每次都把精心挑选的数百条鲑鱼悄悄投放到离他钓鱼的地方只有几米远的河里”。还有一个笑话说的是，里根总统在1981年5月会见英国王储查尔斯。双方会谈是中午在椭圆形办公室进行的，查尔斯王子要了一杯英国茶，白宫工作人员给他拿来了一把盛有热水的漂亮茶壶、一个杯子和一袋茶。令里根总统奇怪的是，查尔斯王子久久地凝视着他面前的这些东西却不喝茶。当时他没敢问，怕查尔斯尴尬。到了晚上进餐时，他鼓起勇气问查尔斯，为什么要了茶却没有喝？查尔斯回答："这是第一次需要我自己动手泡茶，我想了很久，然后决定不喝，因为我不知道该对这一小袋茶叶做什么，我怕我的某种做法不符合您总统的外交礼节。"①

在白宫当大厨是个辛苦的差事。为国家元首做饭的厨师应是厨界精英。他们即使厨艺到了一定境界，也要经常聚在一起交流经验，为此，1977年他们建立了"国家元首厨师俱乐部"，每年召开年会，曾在法国巴黎开过。迄今为止，这个俱乐部已经吸收了50名成员。在每一次聚会中，大厨们都会抓紧时间相互交流、切磋技艺，并把学到的新手艺带回去做给自己的"老板"享用。现任俱乐部主席斯盖柏在一次年会上向同行们说，有机会为美国"第一家庭"服务，的确是他的荣幸。但作为总统的厨师，除了要具有顶级厨艺之外，另一项任务就是必须学会在餐厅里对任何事情保持沉默。此外，他还告诉大家，在白宫的菜单上，法式炸薯条是一道永远不会被取消的菜，因为从总统布什到各级美国政府官员，都非常爱吃它。然而，就是这小小的法式炸薯条，在伊拉克战争爆发前后还引起了一场政治风波。由于法国极力反对美

① 罗兰·梅尼耶. 我在白宫当大厨. 人民网，2006-06-14

国对伊开战，美国一些官员甚至建议把菜单上的“法式炸薯条”改名为“自由薯条”。后来在美国的许多餐馆以及在国会众议院的菜单上，也确实都把法式炸薯条改了名称。不过从斯盖柏的话中不难看出，美国人依然无法抗拒法式炸薯条的诱惑。为美国总统当厨师就是每天为“第一家庭”准备膳食。有时还要忙于总统家的私人聚会、白宫官员聚餐以及国宴。为了满足到访白宫的人的不同口味的需求，有关部门会事先向白宫厨房提供一份所有来宾的饮食喜好清单，厨师根据每个人的特殊需求准备各种食物。要预备一次国宴极为复杂，最少要提前两个多月开始准备，宾客名单及各人的喜好需提前通知厨房，第一夫人会先来试菜，再修改菜单。从白宫大厨每月2 000美元的工资来看，除了能得到一些尊敬和夸赞以外，怎么看这份工作都是苦差事。

## 白宫不是“宫”

白宫比人们想象的要小得多，世界上许多国家元首的办公室及住宅都比白宫宽敞，也比白宫华丽。与巍峨壮观的美国国会大厦相比，白宫不仅规模不大，还出乎意料地朴实无华。即使是经过扩建的白宫，今天它也只有132个房间（35个卫生间）。且不说与北京故宫的近万间房屋难以相比，就是与英王的白金汉宫（600多间厅室）比较，也难以望其项背。为什么国会大厦大而白宫小呢？这反映了美国赖以立国的民主思想。国会代表着主权在民，所以要修得高大宏伟；而白宫的主人只是人民选出的第一公仆，他不是君临天下的帝王，所以白宫设计要体现出“共和制的简朴”。现在的白宫有两三百名工作人员。一部美国国家地理影片《白宫》，54分钟就把白宫里的一切都说完了；我们的《故宫》十几集，也才把故宫里的宝贝说个大概。

对于把“White House”译成“白宫”，我们国内的一些有心之人提出了疑问。因为“White House”的意思非常明确，就是“白房子”或“白屋子”的意思，没有宫殿的意思，从其建筑规模看，也没有宫殿的气派。所以提出是“误译”的问题，似乎也是有道理的。但是住在里面的人是有气派的，是对一个国家运筹帷幄的人。所以按照另一些中国人的思维，这样的人应该是住在宫殿里的。现在白宫已经是个约定俗成的名词，也就不必追究译得合适不合适了。可贵的是，200 多年来美国的国力有了很大的增强，但是白宫却还是那个白宫。早在杰弗逊总统时代，白宫就定期向公众开放，在历经风雨沧桑之后，这个民主的传统一直坚持下来了。杰弗逊总统认为，总统府的建造资金取之于民，应该允许民众参观。

参观美国的白宫，体味白宫的故事，得到的印象远远不是“人人生而平等”，其民主也是有局限性的。但是也要承认，200 多年来美国的民主水平是比较高的，人们遵守着民主与法制的规则，建设着自己的国家。曾经有一位国人，于 2006 年 1 月参加上海海外联谊会美国培训考察团，写了一篇《感触美国》，发表于《四川统一战线》2006 年第 4 期，文章描述了他在白宫北门看到的情景：在白宫北门，我看到了在此扎营 25 年风雨无阻地抗议美国政府、维护世界和平的斗士——一位 70 岁左右的老妈妈。听说刚开始警察也赶她走，但赶走后她又回来，如此多的回合，使警察深感无奈。久而久之，她本人和她的帐篷便成为华盛顿的一道亮丽风景——她成了美国自由的象征！现在警察非但不赶她走，反而会保护她。老妈妈拿着身着拉登装束的布什像，他拿着写着“世界和平”的木板，一起拍了照。

美国的历史很短，美国人却无比自豪，这也常常成为外国人，特别是我们中国人的笑谈。但是，在美国各地，有 200 年历史的建筑，无一例外地得到了妥善保护，少有动辄拆迁的项目。数以万计的博物馆展现了他们短暂的历史，也保护了他们年轻的文化。他们的政府机构都具有鲜明的博物馆特征，主题非常突出，旨在宣扬美国式的民主价值，这些宣传有些显得过于直白，有些则是潜移默化的。作为一个匆匆的过客，我不想妄言美国有多么民主，但是，包括白宫和国会等一些政府部门在内的都可以开放和免费参观，就有了一个简单的答案：这些地方是政府办的，作为纳税人，就有权自由出入。仅从众多政府部门向公众开放和免费参观这一角度来看，人们还是可以真实地感觉到美国民主传统的存在，这种方式也利于公众对政府行为的监督。我们可以说它是一种表面的“民主”，但是这种表面的“民主”也不是哪个国家的政府都能做到的。以白宫为代表的政府部门，不仅美国公民可以参观，其他国家的来访者也可以参观。这就是美国的特色。

# 美国之春赏花开

在这个自由的国度，在一个充满希望的季节，由爱女相陪，携着活泼可爱的小外孙游春赏花，感觉真是好极了！春天蕴涵着新的开始，新的生命，新的世界！2006 年的春天，我 3 次专程去美国的东北部看花：3 月 11 日去波士顿看花展，4 月 2～3 日去华盛顿赏樱花，4 月 4 日去长木花园游春。我忘情地、贪婪地享受着春的新鲜、花的美丽，真想把每一片蓝天、每一朵白云、每一株绿树、每一枝花朵、每一畦草地、每一张笑脸都收入相机，把整个春天都吞下！

## 神往已久的波士顿

波士顿（Boston）是我神往已久的城市。早在 40 多年前，作为中学生，学习世界历史，“波士顿”就以它在美国独立战争前后特殊的历史地位走进了我的世界；参加工作以后，作为教师，我教授过世界近代史，编写过世界近代史教材，更加深了对波士顿的印象。1997 年来美国，在去新罕布什尔州的途中，与它擦肩而过。今春看花展，我才得以亲睹波士顿的风采，浏览了市容，参观了哈佛大学——我心仪已久的世界名校。波士顿是个既年轻又古老的城市，在城内林立的高楼间，还保存着几座与美国独立相关的建筑。时尚与古老在波士顿得到微妙而和谐的历史性统一。

波士顿为马萨诸塞州的首府，面积为 125 平方公里，人口 65 万。它濒临浩瀚的大西洋，是优良的海港城市，现在已有 300 多年的历史，是美国“最古老的城市”，被誉为“自由的摇篮”、

“美国历史的摇篮”。波士顿于1630年由英国清教徒始建。港口距欧洲较美国东海岸其他城市近，于是海上贸易渐盛，促进了城市的发展。在18世纪中叶以前，波士顿一直是英属北美最大的城市和殖民统治中心。波士顿与许多重大历史事件相关联，如1770年英军枪杀当地平民的“波士顿惨案”；1773年反英抗税的“倾茶事件”；1775年4月波士顿打响了美国独立战争的第一枪。美国独立后，波士顿城市经济和海上贸易进一步发展。19世纪30年代，波士顿铁路通达，工商业和文教事业均有较大发展。19世纪末，波士顿完成后湾造陆工程，邻近郊区和城镇又相继划入，城区范围成倍地扩大。从1958年起波士顿实施大规模的城市更新规划。但是，波士顿的发展受到城西山丘地带的限制，也缺乏像纽约附近的哈得逊—莫霍克谷地那样便于进入内地的通道，其在全国的地位相对下降。

波士顿的教育事业在美国首屈一指。这里学府林立，被誉为世界科技教育与科学研究的重镇。全市现有大专院校50多所，为全国各州之冠。著名学府有哈佛大学、麻省理工学院、波士顿大学、东北大学等，专业院校有波士顿音乐学校、马萨诸塞药学院等。另外，从事特殊教育的贺拉斯曼聋哑学校、马萨诸塞盲校也很有特色。各级政府每年都拨出大笔款项支援教育事业发展，同时，这些学校每年也给当地经济注入大量资金，对企业创办也很有吸引力。美国《财富》杂志曾将波士顿评为最佳国际商业环境、最有利于企业发展的城市之一。波士顿还有美国一流的美术馆、科学博物馆以及成立于1881年的波士顿交响乐团等。

波士顿还是个著名的旅游城市，她地处美国东北部的新英格兰地区，静卧在马萨诸塞湾内，面对大西洋，遥望爱尔兰、英国和欧洲大陆。它近山临海，四季分明，风景优美，别具特色。秋天红叶漫山遍野，可游山赏叶；冬季白雪皑皑，可滑冰滑雪；春天花开满枝，可踏青赏花；夏天气候凉爽可人，可乘船到大西洋看鲸鱼，别有一番情趣。波士顿被誉为美国最适合居住的6个城市之一，但是也有人嫌波士顿冬天太长太冷，而且税高消费高。

波士顿的中国城已有百年历史，布局集中、规模较大。波士顿地区的中国人已超过十万，文化素质普遍比较高，生活条件优越，对各种信息和服务均有较强的需求，是一个巨大的文化市场。



## 波士顿看花展

新英格兰地区的冬天是漫长而寒冷的。这个地区包括美国东北部的六个州——马萨诸塞州、康涅狄格州、佛蒙特州、新罕布什尔州、缅因州和罗得岛州。每当波士顿的“新英格兰春季花展”（Flower Show）的大幅彩色广告出现时，就告知人们这里的春天即将来临了。新英格兰春季花展首办于1871年，至今已有136年的历史。该花展占地5英亩多，在年度花展中按规模在全美排名第二，全球排名第三，号称“世界第三大花展”。波士顿一年一度的花展一般在3月11～19日展出，由马萨诸塞州园艺造景协会策划，还要给花展中最佳参展单位颁奖。花展是波士顿人告别寒冬、迎接早春的传统，同时亦是吸引世界各地游客来波士顿观光的年度盛事。

2006年3月11日我们一行5人（女儿、女婿、小外孙和我们夫妇俩）9：40从家出发，到波士顿去看花展。11：15到达展区。门票20元/人，停车12元。进门时，检票人员在游客手腕处盖个红印，凭此即可多次出入展厅。展厅内有快餐部，吃喝很方便。当天是花展的第一天，参观阵客很庞大，估计现场就能有两千余人。中老年看客居多，穿着或大方讲究，或休闲潇洒，各具风采。有的游客推着轮椅，上面坐着年迈的老人或残疾人；一些游客推着、背着、抱着、举着婴孩；游客们兴致勃勃的脸上挂着灿烂的笑容，洋溢着春的气息。展区分两部分，一部分是展览，一部分是销售。展台均布置得或赏心悦目，或清新典雅，或绚丽多姿。

2006年的波士顿春季花展展出了一个“春日里的美丽家园”。它以“欢迎回家”为主题，将庭院设计与家居设计相结合，营造出理想家园的氛围。一进展厅，阵阵花香就扑面而来，浓郁得令人陶醉。

我对各种花都感兴趣，包括干花、绢花和纸花。当然，鲜花是我的最爱，因为它们是生机盎然的。我赞赏牡丹的雍容华贵，也喜欢菊花的质朴贞秀，更爱恋兰花的幽香清雅。爱国诗人屈原以爱兰咏兰而著称，被誉为花神。他一生刚直不阿，鄙视权势政客的邪恶。他以“滋兰之九畹，树蕙之百亩”为乐，把埋葬在心底的满腔义愤寄托于兰花，并以咏兰来表示对上层社会黑暗龌龊的不满。南宋著名的爱国诗人和画家郑所南画兰，更是借兰魂以表达自己的抱负、追求与思想情感。花能解语。深受人们喜爱的莲花、桃花、梅花等，也都各有其品质和情调，引人深思和玩味。

展厅里鲜花的品种多得令人目不暇接。同是水仙花，就有数十种不同的颜色、不同的花蕊、不同的花形，这些洋水仙与我见过的白色水仙花煞是不同。而欧美的郁金香、兰花等更是名目繁多，数不胜数。香味浓、色彩艳丽的风信子，柔美温婉的银杏，生机盎然的茶花，报春怒放的梅花，春意融融的迎春花，还有独具风韵的青苔野花，争奇斗艳，都极力展示自己的风韵、美丽和魅力。庭院、家居的设计更是独具匠心：有曼哈顿的都市花园设计，展现繁华都市的幽静；有日本式花园设计，配上呼啸开动的小火车，增添了几分童趣；有的庭院门前矗立着大石柱，以展现苏格兰风情；石砖路上点缀着英国乡土草木花卉，构成含蓄幽雅的英式花园景观；小桥流水人家，进入家门的小径铺满白色石粒，小径两旁繁花碧草相伴；各有千秋的家居布置，平添了几分灵性的美丽。

女儿的数码相机不停地闪烁，拍下了许多美丽的瞬间。那些照片真的很美！回到女儿家我迫不及待地用 e-mail 把照片发给了国内的一些好友，让他们分享这份温馨和美丽。

展览大厅的右半部分是花市，这是充满欧洲集市风情的花展市场，有各种鲜花店、种子店、纪念品店、装饰品店、园艺用品店等。每一个店的装饰都风格各异，精致典雅，美丽的鲜花平价待售，石刻雕像也仿佛在盼望有人眷顾。参观者一边欣赏一边询问，直到捧着鲜花满意地离去。我们从上午 11 点多入馆，参观到下午 2 点。好一片花海和人海！我欣赏着，享受着，陶醉着……“花魂迷春招不归”，真是令人流连忘返！

下午 3 点多，我们去参观哈佛大学，约 1 小时，我们只看了大学的一角，看的是主校区，有哈佛的雕像和图书馆，同时浏览了大学的书店。晚上，在波士顿，在女婿的妹妹 Harmony 家参加 Harmony 的生日晚会。Harmony 是一位很有理想和追求的青年，单身贵族，学医的，几次到非洲行医，2006 年 6 月去了西雅图。生日晚会在 22 点结束。我们 22 点 1 刻动身返程，午夜零点整回到女儿家中。时间虽晚，高速公路上南来北往的车仍是川流不息，那片花海和人海在我的脑海中荡漾。这个国家真是有着不竭的活力！

## 华盛顿赏樱花

我们于 2006 年 4 月 2 日、3 日两次游览华盛顿，加入浩浩荡荡的赏樱行列，参加华盛顿樱花节这一全美盛事。每年春天的复活节前后是华盛顿樱花盛开的季节，也是华盛顿最美的季节。华盛顿的樱花来自日本，1912 年 3 月 26 日，日本化学家高峰让吉和东京市长尾崎幸雄赠送了3 000多棵樱花树给华盛顿，并全部栽种在华盛顿。作为和平与友谊的象征，美国政府以花开满丛的山茱萸回赠日本。樱花树运到的第二天，美国第一夫人海伦·塔夫脱（Helen Herron Taft）和日本驻美大使夫人在潮汐湖（Tidal Basin）北岸种植了两棵樱花树，它们就位于前不久新建的“二战”纪念堂（World War Ⅱ Memorial）的南面。日本赠送樱花树以后，1912年，华盛顿一些民间团体发起举行第一届樱花节，之后就延续下来，成了一年一度的盛会，享誉全美及世界。另一说法是华盛顿樱花节始于1935年。

华盛顿人十分喜爱樱花。杰弗逊纪念堂（Jefferson Memorial）动工兴建时，一些妇女发誓要将自己绑在树上以阻止樱花树被铲除。最后双方达成协议，当局承诺在潮汐湖南岸种植更多的樱花树。华盛顿中心的樱花树有3 700多棵，主要分布于三个地段，一是华盛顿纪念碑附近，一是潮汐湖周边，一是东波托马克公园（East Potomac Park）内，其中以潮汐湖畔的樱花最为吸引人。

华盛顿的樱花有十几种，其中以吉野樱最多。每年，70%的吉野樱开花，就标志着樱花“盛开”（peak bloom）期的到来。樱花花期短，开得早，谢得快，一般为两周左右。华盛顿的樱花色彩基本上是一样的，淡淡的粉红色，开起来是整树花枝万花齐放，一朵朵、一簇簇在春风中摇曳，轻盈、柔美。当然，也有些其他颜色的，如深红色的等。今年樱花何时盛开，预报变了几次，先说是3月27日，又说是28日或29日，最后确定为3月30日。我们到达华盛顿时，虽然樱花才盛开三四天，但是有些地段已经是残花铺路了，不过，那粉白的樱花瓣铺撒在路上，像一条绸缎彩带，同样的美丽诱人。

樱花节的活动丰富多彩。长达半个月的樱花节，一般都在杰弗逊纪念堂前搭起临时舞台，天天都有文艺演出。优美的歌声，在空中回旋，在水面荡漾。1954年，日本向华盛顿赠送石灯，樱花节就增加了燃灯仪式，从此该仪式成为樱花节的重头戏。在今年4月2日的燃灯仪式上，华盛顿市长安东尼·威廉斯（Anthony Williams）的讲话很是有趣。他当着众多日本人的面大声说道，“华盛顿的樱花节世界第一”。话虽夸张，但也展现了美国人的自信和幽默。坐在台上的日本人则面含微笑，不置可否。其实，日本、中国、美国、韩国等国都有樱花节，各有千秋，而日本又是樱花的产地。石灯由日本的樱花公主点燃后，整个仪式结束。石灯燃亮的时间也就是10分钟左右。白日燃灯“白费蜡”，不为照明，意在象征。美国的许多节庆活动都有游行，华盛顿的樱花节游行是樱花节最盛大的活动，已有60多年的历史，天气好的时候吸引的观众可达10万之众。这次游行，排头的摩托车队隆隆而过，人高马大的骑警威风凛凛，海军陆战队的管乐队高奏进行曲，引领着各兵种的方阵，雄壮威武地阔步向前。缓缓前行的一辆老式轿车，也颇为引人注目，窗口一位潇洒的男士挥手向观众致意。据说他是“幸运轮”（Wheel of Fortune）电视节目的主持人Pat Sajak。

华盛顿纪念碑南部的樱花林中，微风拂面，秀色满目。盛开的樱花传播着春的气息。鲜黄的迎春花，翠绿的松柏，又添几分春色。树下走过白发苍苍的老人，推着婴儿车的父母，嬉戏的孩子，热恋的情侣……

潮汐湖畔，人潮滚滚，川流不息。据说每年樱花节来这里赏花的国内外游人可达70万。此时此处赏花观景，多了几分喧闹。潮汐湖畔的樱花，名不虚传。一簇簇，一丛丛，一片片，连绵起伏，如波似浪，形成花带，环水飘香。春阳暖暖地照着，兴奋地挥洒着金光。盛开的樱花树遮掩着小路，游人们兴致勃勃地走在小路上。潮汐湖上，时有小鸭漂游，小船泛舟，波光点点。向远方眺望，华盛顿纪念碑如擎天一柱，巍峨耸立；隔水相观，杰弗逊纪念堂似庄严神殿，肃穆非凡。可乘电梯登上华盛顿纪念碑碑顶。从500多英尺的高度鸟瞰，潮汐湖就像一块珍奇无比的绿色翡翠，环绕它的樱花仿佛是一条绝世稀有的彩色水晶项链，美轮美奂，熠熠生辉。樱花真美，华盛顿真美，在万绿春色的掩映下，透着无限生机。

## 长木花园游春

长木花园（Longwood Garden）位于美国东部宾夕法尼亚州和特拉华州（Delaware）的交界处。长木花园原是皮尔斯家族的私家花园。长木花园的历史可追溯到1700年，皮尔斯家族从一位教友手中购得这块土地。自1798年起，皮尔斯家族的Samuel和Joshua Peirce兄弟开始收集各种树木，种植在一座小型植物园内，这就是当时的皮尔斯花园。1906年，曾任杜邦及通用汽车公司董事长的皮耶尔·杜邦先生（Pierre S. du Pont，1870—1954）听说该地有一些两百多岁的树木将要被砍掉时，买下了这块土地，及时挽救并改变了这些老树的命运。他不仅是Longwood的主人，而且是这个园子的规划者、设计师，开始自行设计并开发长木花园。此间，杜邦先生秉持本家族的一贯传统，继续将花园开放给大众共享美景。杜邦先生过世时曾有遗言，要将长木花园作为一个“为大众提供展览、教育及游乐”的地方。经过后人几十年的精心维护和打理，现今的长木花园已经发展成为美国巨大的自然博物馆，有天然的森林、草原、湖泊，也有温室花园和露天花园，如荷花园、造型树园等。长木花园是美国首屈一指的观赏性花园，是美国第一大植物园，全年都有花展，2006年迎来了它建园100周年的盛事。

今天，经营长木花园的长木公司是一个非营利、不接受政府资助的私人机构。其主要资金来自杜邦先生所赠资金、门票及长木花园零售部之收入。长木花园1 050英亩的秀丽景色，50来个室内室外的花园、众多喷泉和亲水花园所呈现的美妙景色将终年向游人开放。这个园区即便是在冬天也翠绿无比，白雪覆盖着的造型树别有一番情趣。莲花池，在6月到10月间，热带和耐寒的莲花盛开于室外的水塘，满园飘香。温室花园提供了终年不断的艳丽花朵和热带奇木异草供游人观赏。这样浩大的工程是由包括54位园丁在内的600名职员、学生及义工来共同维护的。

4月4日中午，我们驱车来到久负盛名的长木花园。花园入口处的停车场分为大巴停车和小车停车两个区域，停车很方便。门票10美元/人，不收停车费。在美国，收费的公园要比不收费的公园多，海滨公园一般没有门票，但是收停车费。长木花园很大，当日游客不多，而在不多的游客中有驾着轮椅来游览的老人。偌大的园子，显示着一种清静的艳美。园中的主色是绿，深深浅浅、浓浓淡淡的绿，绿色满眼，草地绿绿的，花枝绿绿的，树叶绿绿的。蓝色、白色、浅黄色、紫色、红色的小兰花快乐地点缀其间，苍松翠柏情深意浓地从旁相伴，真是美丽和谐，充满了春的新鲜、春的活力、春的生机！

温室花园令我们流连忘返。中厅、西厅和东厅全部开放，优雅安宁的环境、绚烂多姿的鲜花、各式各样的花球，为游客们打开了享受美的新天地，我们与女儿推着小外孙漫步其间，享受着这份美丽，这份恬静，这份典雅。当我们踏入兰花馆真有一种心动的感觉。那种美丽震撼心灵，那种芳香让人陶醉。我们和女儿在中厅、东厅、兰花房、花廊、造型树园里拍了许多照片，回国后仍时时翻看，快乐地回味着长木花园的幽香和韵味。

在游览过程中，有个小插曲，一时弄得我们心情有点紧张。我们看花、拍照太高兴了，女儿一不留神把手机遗忘在一个园子里了，过了很长时间才发现手机不见了，如果手机找不到，不只是经济损失的问题，会对我们后面的行程和活动造成很大的不便。发现这个问题后，我们分析手机可能是掉在最初参观的那个园子了，女儿立即向一位工作人员说明了情况，他马上往那个园子打了电话，但是回答是“没有发现”。然后女儿就与她爸爸沿着我们游览的路线返回去找了一遍，也没有找到。再后，女儿在工作人员的办公室里登记，留下了联系电话，以便日后手机有下落时与我们联系。非常幸运的是，在我们游览快要结束的时候，一位工作人员找到我女儿，说拾到了一部手机，让她确认一下是不是她的，果然是她的！失而复得，喜出望外！

在长木花园，真的感受到春天到来了，天是那么蓝，风是那么暖，云是那么淡，树是那么绿，花是那么艳，还有工作人员是那么好！于是，我放飞心情，舒展浪漫的情怀，思忖生命的真谛，畅想生活的豪迈。人要看淡起起落落的人生潮汐，挥去坎坎坷坷的人生忧郁，摒弃愚愚昧昧的生活方式，唤醒潇潇洒洒的人间正气……

胜日寻芳美利坚，一景更比一景鲜。等闲识得庐山面，春意伴我到永远。

# 在美国乘火车旅行

2006年，我第二次去美国，到马里兰大学做十周的课题研修。此间，我做了一个文化参观计划，在紧张的工作之余，利用几个周末的时间，到附近几个城市里走一走，看一看，乘火车旅行，感受美国的历史和文化，领略乘火车旅行的愉快。美国的大小火车站各具特色，有一定的艺术品位，列车上的环境也很舒适、惬意，使人觉得候车、乘车毫无焦灼奔波之感，甚至觉得是一种放松，一种闲庭信步，一种心灵的释然。

## 一个非常正确的选择

马里兰大学所在地科利奇帕克（College Park，大学园区）是一个小城镇，在马里兰州北部，离华盛顿、巴尔的摩、费城、纽约等大城市和安纳波利斯、里士满、威廉斯堡、詹姆斯敦、哈里斯堡等历史文化名城都不远。从科利奇帕克到这些城市旅行，选择航空、公路、铁路交通都很方便，开汽车或坐火车都不过几个小时的路程。其中坐火车最方便，大学园区旁边就有华盛顿地铁环线站和美国东部铁路火车站。从这个小站乘地铁向南去华盛顿只要20分钟，乘火车往北去巴尔的摩用不了一个小时，就是到纽约也不过四五个小时的路程。

早在10年前，我第一次访问美国的时候就有一个念头，想坐一坐美国的火车，体验一下美国的铁路交通，但是这个愿望当时没能实现。这次正好是一个机会，于是我选择了乘火车去附近一些城市旅行。现在回想起来，我感觉自己的选择非常正确。在美国乘火车旅行，尤其是一天往返的旅行，经济、方便、舒适；

没有高速公路的拥堵；比乘飞机省时、省钱、省事，没有换乘、过安检的麻烦；还可以从容观赏铁路沿线的城市与乡村的景物、风光，感受大自然的美丽；还可以解除疲劳，在紧张工作了一周之后，身心得到放松，感觉真的很好。还有，这次在美国乘火车旅行，美国铁路客运服务的以人为本，便捷、舒适、实用、周到，处处为旅客着想，以及火车特别是电汽机车没有飞机、汽车那样大的空气污染和噪音污染，更有利于环境保护，也给我留下了深刻的印象。它使我真切地感受到，尽管与航空、公路公共交通的竞争很激烈，美国铁路客运仍然很有生命力，很有潜力，发展前景仍然光明。

## 发达先进的铁路系统

美国第一条铁路始建于1830年。19世纪末建成横贯大陆的北、中、南三条铁路大干线，铁路总长度达到15万英里，与当时欧洲铁路的总长度（16万英里）相当。19世纪中叶到20世纪初是美国铁路的黄金时代，这一时期的全国货运和城际客运，主要由铁路承担。20世纪中叶开始，铁路的运输老大地位先后为公路和航空所取代。20世纪70年代，随着几家大型私人铁路公司因航空和公路的竞争而倒闭，联邦政府于1971年5月1日建立美国全国铁路客运公司（Amtrak），着手改组和介入铁路经营，持续近百年的美国铁路黄金时代才告结束。虽然如此，时至今日，美国的铁路交通运输网仍很发达。铁路总长度30余万公里，居世界第一。货运系统是世界最繁忙和最先进的，客运系统也很发达。至2006年已经运作了35年的美国全国铁路客运公司，经营的铁路客运服务网横贯大陆48个州中的46个州。由于国土辽阔，去较远的城市旅行乘飞机更省时，许多人远途旅行还是选乘飞机。因此，美国的铁路客运系统总体上不如欧洲、日本那样发达，而且一直处于亏损状态，年经营收入只占总支出的80%，每年有20%高达几亿美元（2005年为5.5亿美元）的亏损要由联邦预算补贴。

美国铁路客运公司是半政府半民间性质的公司，经营的全国客运服务系统分为东北走廊线、东部线、中西部线、西部线和西海岸线等几个区域铁路线。每个大的区域铁路线内部或城市之间又有很多区间或城际铁路客运服务线。例如，在我第一次访问美国时，就知道在匹兹堡市和纽约市之间，有一条叫做“Keystone Service”的城际铁路线。这条线起于匹兹堡，经哈里斯堡、费城到纽约，从1834年就开始运行，至今已经运行了170多年，是美国最古老也是最有生命力的铁路线之一。2006年12月3日，在我即将结束研修访问前不久，华盛顿邮报发了一条消息：经过几年努力，该铁路线的哈里斯堡—费城段高速铁路正式建成，投入运营。这是这条铁路仍有生命力的最好证明。我第二次访美所在的马里兰州属于东北走廊线和东部线的服务范围。这条线北起波士顿，经纽约、费城、巴尔的摩、华盛顿、里士满，东到海边城市诺福克，南到佛罗里达的迈阿密，是美国铁路客运最繁忙的线路之一。我在美国乘火车旅行，参观费城、巴尔的摩、华盛顿、里士满、威廉斯堡和詹姆斯敦等六个城市，都是走这条线。

美国的铁路系统设施先进。设施先进主要体现在火车站，特别是大城市火车总站旅客服务系统的电子化、自动化程度很高上。例如华盛顿的火车总站“联合站”。这个车站大概已经有上百年的历史了吧。从外表上看，它很传统，高大、宏伟，典型的欧式建筑，与对面不远的美国国会大厦风格一致，相映成趣，里面的设施很现代化，车次信息系统、购票系统、服务提示系统全部电子化；信息咨询处、候车区、购物区、餐饮区等各种服务一应俱全，布局结构很现代，进到里面，就像进了机场一样，除了没有手推车、行李提取处，以及那么多来来往往的人群之外，其他感觉与机场没有什么两样。给我印象最深的是服务提示系统。联合站的规模很大，建筑结构复杂，但是大厅、门廊、过道、出入口处都挂有指示牌或电子提示板，指示牌一律蓝底白字、文字加箭头，电子提示板滚动字幕、红色闪烁，都非常醒目，走在里面找什么地方都很方便，不会迷路。

## 古朴传统的客运小站

与设施先进、很现代的大城市的大火车站相比，小城市的火车站就没有那么气派了。小城市的火车站一般都很小，设施简单实用，给人一种刻意保持传统格调的感觉。例如，美丽的历史名城威廉斯堡，它的火车站就很小，全部设施就是一座比普通居民住宅稍大一点的房子，一个用白栏杆围起来的站台，加上一条穿过绿树丛林蜿蜒而来的铁路。我是在感恩节次日到达威廉斯堡。当时一下火车第一眼看到这个小站，心里的感觉是：真想不到，在美国现在还有这么简朴的火车站。到房子里面一看，三开间的房子分成左右两部分，左边中间是一个候车室，说是候车室，也就是几排木条长椅围成的一个空间，旁边是一个售票窗口，窗口上方有一个时钟，下方有一个信息栏，里边有一台电脑，一位售票员正在为几位旅客服务。右边中间是洗手间，旁边也是一个售票窗口，左右两边均有过道相连。这就是这个小站的全部了。说真的，走进这个小站，如果不是售票窗口的工作人员在那里使用电脑为旅客服务，查看车次、打票出票，简直就看不出它是一个现代火车站。置身其中，就好像回到了从前，置身于一个19世纪美国铁路黄金时代的乡村小站一样。当然，你也可以感觉到，这一切都是刻意为之。特别是当你到城里走了一圈再回到小站，站在小站前，回首看那干净、整洁、一尘不染的街道，看那蓝天白云、灿烂阳光之下，一座座风格各异的房舍掩映在深秋红叶之中熠熠生辉的时候，就能体会到，在风景如画的小城旁边建上这样一座传统味道十足的小站，其实就是要营造一种氛围，以与城里那条完全仿照早年移民时期样式修建的历史一条街和历史仅晚于哈佛的威廉与玛丽学院的传统建筑的风格协调一致。你会深切地感受到，这里的一切是多么自然、美好、和谐！



## 以人为本的周到服务

美国铁路客运火车站为旅客提供的服务很细致、很周到，真说得上是“以人为本”，处处为顾客着想。与乘飞机和乘长途汽车旅行一样，在美国乘火车旅行，要做的第一件事就是选择合适的车次和购票。互联网查询、订票，电话订票和直接到车站查询、购票，是三种主要的查询和购票方式。这三种方式都很方便，但由于前两种涉及用信用卡支付的问题，我在美国乘火车旅行，采用的基本上都是第三种方式。美国铁路客运公司提供的车次查询信息很详细全面。在华盛顿、巴尔的摩、费城等大城市的火车站，问讯处柜台前摆满了各种各样的列车时刻表，有全国的，有专线的，遇到节日，还有专门为节日旅游赶制的假日列车时刻表，旅客可以根据自己的需要免费拿取。如果想免去自己查找的麻烦，旅客可以直接去看立在大厅内最显眼位置的电子翻页车次时刻显示牌，当日各次列车的全部信息都显示在上边，即时滚动，不断提供最新信息；也可以直接去询问柜台服务人员，想去哪里，最近的车次有几趟，正点还是晚点，保证能够得到满意的答复，有时甚至还可以得到意想不到的帮助和建议。例如，有一次我在费城火车站就得到了这样的服务。那天我是结束了费城之行乘夜车返回马里兰大学的。返程车次已经看好，车票也已经买好，坐在候车大厅里等车。眼看时间已经到了，要乘的那次车还没有来，看一眼哗哗作响的电子翻页车次显示牌，才发现这趟车晚点了。于是去问柜台服务人员该怎么办。接待我的是一位年纪较大的女士。她要过我的车票看了看，微笑着给了我一个建议：你去售票处吧，到那里换一张车票，乘别的车次回马里兰。“不要另外加手续费吗?”“不要。这是铁路的原因，车站要为晚点负责。”原来是这样！此前我还真不知道美国铁路有这样的规定，遇到列车晚点，旅客可以免手续费，换乘别的车次旅行。于是，我高兴地来到售票处，顺利地换好票，乘另一趟车返回了马里兰。

美国铁路客运的购票服务也很周到，处处为旅客着想。例如旅客最关心的票价，就有小孩票、老年票、学生票、军人票、团体票、会员卡票、通卡票和外国护照票等购票优惠，各种可能性都考虑到了，划分得非常细致。每位旅客都可以根据自己的条件作出选择，买到合适的优惠票。优惠的幅度一般是五折。例如，从华盛顿到巴尔的摩全票为 23 美元，但持外国护照购票只要 10 美元。

在美国乘火车旅行，给人印象最深的还是方便、经济、实用而不失舒适的车上服务。美国的旅客列车有豪华车和普通车等各种档次。豪华车我没有坐过，因为票价比较贵。但是有坐过豪华车的人介绍说，豪华车的座位宽敞，有些坐椅就像沙发，而且面向车窗，便于欣赏风景，还有餐车、观赏间、电影间等，旅客可以在车上自由散步或娱乐，舒适、方便，虽然票价比较贵，但还是物有所值。一则报道还提到，从 2002 年开始，美国铁路客运公司还与一家网络公司合作，在哈里斯堡至纽约线的一节旅客列车的头等车厢里装上了一套可以通过无线与卫星技术向乘客提供全视频、音频和互联网访问服务的火车专用移动、高速无线网络系统，旅客只要按一按集成在每把坐椅背后的交互式触摸屏显示器，就可以观看电影和电视节目，收发电子邮件以及在线购物。由此可见，豪华车或头等车厢的服务设施一般都很先进。

普通列车则像国内的旅客列车一样，有硬座、卧铺、餐车等车厢，供旅客选用。只是有一点不同：美国的火车还像飞机一样，有商务车厢和普通车厢的档次划分。我在美国乘火车旅行坐的都是普通车厢。普通车厢的特点是方便、经济、实用，又不失舒适。车厢高大，车窗开阔，视野很好，有空调设施，有灯光按键系统，坐椅宽敞，高低可以调节，而且都朝一个方向设置，旅客坐在里面不会有在我们国内乘火车那种长时间面面相觑的尴尬。车上有餐车，有热水供应，还有靠枕和毛毯出租或出售，供旅客休息使用。车上的乘务员不多，一列车一般只有两三位，商务车厢一位，普通车厢一位或两位。乘务员都尽职尽责，服务很周到。车开出不久，就会有一位乘务员走过来验票。验过票，每一位新乘客的坐椅上方行李架上就会贴上一张写有所到站名的小纸条。每到一站，乘务员都会提前走过来，提示到站的乘客带好东西，准备下车。有一次我乘车去里士满，车上像往常一样，旅客不多，有空座位。验过票、贴上小纸条后不久，我觉得座位旁边的车窗视野不好，就自己调了一个座位，坐到前边的空座位上去了。没想到刚坐下一会儿，那位刚为我验过票的乘务员小伙子就走了过来，严肃地请我出示车票，再次验票、贴纸条。美国列车乘务员的认真负责和细心，由此可见一斑。

## 有生命力的铁路客运

与航空客运、公路客运相比，美国铁路客运有其劣势，也有其优势。但是只要积极经营，扬长避短，克服劣势，发扬优势，就会越办越好，三分天下有其一，前景是光明的。这就是我在美国乘火车旅行得出的结论。

速度相对较慢，远距离旅行费时也不便宜，这是美国铁路客运的主要劣势所在。但是，其优势也是很明显的，特别是城市之间的短途客运。铁路客运主要有五大优势：

一是乘火车不像乘飞机那样麻烦：乘飞机要提前几个小时先乘汽车去远在郊外的机场，办理各种登机手续，又要通过安检，接受各种安全检查，飞机上省出的时间，都耗费在地面上这些事情的办理上了。乘火车也没有自驾车或乘汽车旅行那样苦恼：乘汽车动辄遭遇拥堵；车内空间有限，腿脚伸展不开，乘客容易疲劳；车外情况太多，问题层出不穷，驾驶员精神高度紧张，跑一趟下来很累；既不省时，也不省力，费用也不便宜。

二是火车载客量大。一趟火车能比一架飞机或一辆大巴汽车运载更多的旅客。

三是总体上看火车污染小，有利于环境保护。

四是乘火车更安全。特别是“9·11”事件发生以后，出于安全考虑，美国人乘火车旅行或上下班的人多了起来，铁路客流量大增。一项统计显示，2004 年美国铁路客运的每天平均旅客人数为6.9 万人，全年旅客人数达到 2 500 万人，创历史新高。纽约与华盛顿之间的铁路客运人次，2006 年甚至超过了航空客运的人次。

五是火车有着特定的多样化的乘客群体。美国五大公共交通工具——航空客运、公路客运、铁路客运、城市地铁和公交巴士系统——的服务对象，从旅行目的上看，大体都是相同的，要么是办公事的人，要么是办私事的人，要么是专为旅游观光而出行的游客。从年龄、性别、职业、阶层上看，却稍许有所不同。乘火车旅行的人，不管是办公事、私事，还是旅游观光，我的感觉是，一般以老年人、妇女、白领、蓝领、年轻学生和留学生为主。我在美国乘火车旅行，对这一点感受特别深。每次上火车，看到的乘客，都是这类群体中的人，尤其是退休的老年人、职业妇女和年轻学生，他们的人数总是最多的，一节车厢本来乘客就不多，一眼就看得出来。

细想一下也不奇怪，很容易找到答案。老年人精力有限，多半有车也不愿意开，而且更加注意安全问题。对他们来说，乘火车旅行是最理想的选择。职业妇女也是一样，出于安全、驾驶技术等考虑，与乘飞机或自驾车相比，她们可能更愿意选择乘火车旅行。而对于年轻学生来说，经济上还没有独立，买车的人少，乘飞机又比较贵，乘火车旅行或许也是最佳的选择了，省事、省时、省钱，又安全，还舒适。美国已经进入老龄化社会。美国的职业妇女越来越多。美国的高等教育很发达，每年各类注册学生近2 000 万人。美国铁路客运以老年人、妇女和年轻学生这一相对稳定的群体为服务对象，市场应该是很广阔的。

以上五大优势，是航空客运和公路客运所不完全具备的或者不能与之相抗衡的。所以，我看好美国的铁路客运，相信它有生命力、有潜力，前景是光明的。

# 美国政府行政一瞥

2006 年在美国的半年时间里，我注意观察了美国社会动态、美国人的生活，特别是美国政府的作为以及官员的行为和理念。美国康州（康涅狄格）纽黑文市的市长认为，政府属于“服务业”。政府不能对公众实行控制式的管理，而要实行民主式服务式的管理，政府是为纳税人服务的，也是为纳税人提供方便的。美国人认为，政府是纳税人的政府，政府操持的是公共财产，运作必须公开、透明、公正，要真正代表公众的利益。2006 年 7 月，我在康州来德亚镇现场观察了一次有关镇上预算的投票过程，投票自由不受约束。他们是在一个围着布帘的小房间里投票的，没有第二个人知道谁真正投的是什么票，是赞成票，还是反对票，或是弃权票。最后根据多数人的意见通过了预算。

## 地方政府无钱停业

美国是世界上最富有的国家，可是美国地方政府“衙门”却显得很穷，一般门楼不大，不气派，还有租房子办公的，甚至还会有穷得开不了门的时候。有的地方政府会出现因没有钱而停业一段时间的“奇事”。2006 年，新泽西州就发生过这类事，州内公路建设项目被迫叫停，州立公园、海滩和名胜古迹于 7 月 5 日被迫关闭，约 4.5 万名政府雇员处于“待业”状态。因为“预算”经费不足，美国新泽西州州长科尔津于 7 月 1 日签署了一项行政法令，“关闭”已经没有权力支出任何预算的州政府。美国媒体评论说，州政府因预算问题被迫“关门”的局面在该州历史上绝无仅有。根据新泽西州宪法，州议会必须在 7 月 1 日前通过一项平衡预算方案，否则州政府将无权使用任何财政开支。然而，议会议员并未就预算案达成一致。在预算案中，州长科尔津建议将州内营业税率由6%提高到7%，以弥补州政府45亿美元的财政赤字。然而，州议会的民主、共和两党议员并没有在最后期限到来之前就预算案达成一致意见，无奈之下，州长科尔津于当地时间7月1日上午下达了“关门令”。行政令签署后，新泽西州所有非特殊领域的政府部门停止运行。美联社说，行政令签署几分钟后，州内公路建设项目就接到停工通知，交通部门计划在当地时间1日中午关闭，州法院也将被迫处于“停工”状态，除非有特殊情况亟待处理。

## 州立海滩免费开放

在2006年纽约入夏以来的第一波热浪高峰期，纽约州长柏德基（George Pataki）宣布从7月18日起到20日止，所有位于长岛的州立海滩，一律免入场费，同时统一延长开放时间到晚上8点，让民众多利用沁凉的海水消消暑气。柏德基18日还特别鼓励在办公室吹了一天冷气的上班族，或在大热天辛苦工作了一整天的外勤人员，一定要利用这两天的时间到长岛的海滩走走。这样不仅可以节省家里的电费，还可以享受户外的美景。在免费开放的7个海滩中，有4个海滩距离曼哈顿不到1小时的车程，它们分别是琼斯海滩州立公园（Jones Beach State Park）、史密斯州长暨桑肯牧场州立公园（Governor Alfred Smith/Sunken Meadow State Park）、摩西州立公园（Robert Moses State Park）和海克斯澈尔州立公园（Heckscher State Park）。若民众在这两天有较长的时间，也可以选择距离纽约市区较远的野木州立公园（Wildwood State Park）、东方海滩州立公园（Orient Beach State Park）和西瑟丘州立公园（Hither Hills State Park）避暑。这些公园除有海滩外，还有林间小径可以踏青，或高尔夫球场可以挥杆。他还提醒民众欲查询详细资料，可浏览纽约州公园厅网站：www. nysparks. com[①]。

当8月1~2日康州气温高达华氏90度、迎来盛夏酷暑之际，康州州长也下令这两天各州立海滩公园一律免费。故在8月2日晚，女儿举家5人（女儿、女婿、外孙和我们夫妇俩）驱车到Rocky Neck海滩游泳乘凉，我们享受了免收7美元停车费的待遇。女儿认为这比平时的海滩还是多了不少人，但是，我们认为这比起中国的任何一个海滩都不值一提。

## 州府广场上的“集市贸易”

一位旅居美国的中国人士注意到了美国的集市贸易。他说，他在美国的一些城市，比如在威斯康星州的州府麦迪逊市，曾经看到每逢周末，州政府特意把自己门前的广场空出来，开辟为集贸市场，让附近的农民到这里摆摊卖货。有卖菜的，卖水果的，卖花的，卖蜂蜜的，卖自制蛋糕点心的，商品种类很多，琳琅满目。在这里不收一分钱的管理费，而商品的价钱一般都要比在超市里贵一些。因为在这里卖的东西是直接从乡间来的，会更新鲜一些。这样的管理办法和政策对农民是有利的，同时也维护了城乡之间的和谐关系。

美国的发达和美国社会的和谐与他们合理地管理农业、妥善地保障农民的利益很有关系。美国政府每年要拿出巨额资金用于农业政策性补贴。根据美国农业部估算，按1996年旧法案，2002年农业补贴支出为174亿美元；按2002年5月颁布的新法案，2002年农业补贴支出为208亿美元，当年新增34亿美元，

① 今明州立海滩免费. 世界日报，2006-07-19

至2007年生效期内，新增农业补贴519亿美元，共达到1 185亿美元。这些巨额支出主要用于：农产品补贴（商品计划）、贸易补贴（支持出口）、资源和生态保护、农业基础设施建设和信息服务、国内农业安全、教育研究和农业保险等方面。在美国，农业是一个受到高度重视和保护的传统行业。与其他行业如工业、服务业相比，农民所交纳的税明显要少得多，额度相对较低，也没有专门针对农民的税种。现在美国农民最担心两件事情：一是现在的美国年轻人大都不愿意当农民，农村面临后继无人的问题；二是工厂化农业对传统家庭农业的威胁越来越大。

## 穷人的福利救助

在美国的城市，常有一些露宿街头的游民，在一些高速公路和火车桥下经常可以看到游民临时搭建的住处。纽约市政府发现，在纽约就有73处游民长期居住的地点。为了改变游民的生活状态和保护城市的安全，纽约市政府作出了一项计划，要建造12 000个支持性住宅，这类住宅要提供社会服务，如心理健康辅导、药物滥用治理等。市长彭博宣布，这项计划还要扩展，以帮助无家可归者拥有他们的住所。《纽约时报》2006年7月18日讯：市长彭博17日说，市政府将积极推动减少路宿市内街道的游民，强迫他们离开在高速公路和火车桥下临时搭建的住处，以及加高栅栏，使他们无法再把这些地方作为临时居所。彭博对政府官员及社会服务团体说，我们会以仁慈、尊重及坚定的态度，令游民进入支持性住宅和参与医疗计划或是进入收容所。评论认为，市长的主张反映出游民服务局（Department of Homeless Services）的作风有了重大的转变。彭博说："所有人都有权入住收容所，但是收容所并不一定适合每一个人。我们要以新的方式去取代以往管理游民的固有模式，要在我们手中把这一问题终结。”这个新的举措就是变对游民的紧急收容为努力提供永久性住房，以社会服务来防止游民出现无家可归的情形。

2003 年，美国的四口之家，日收入在 18.810 美元或低于这个数字被认为是美国的贫困家庭。按这个标准，大约有 10% 的美国人处于贫困线以下，总人数达 3 590 万。为解决贫困，许多贫困家庭接受福利救助，大量政府资金用于补贴低收入阶层的食品、衣物和住宅。联邦政府所有福利项目，包括社会保障、卫生等，几乎占去了其政府财政开支的一半。即便如此，还是不能满足社会的需求。需要帮助的美国人不得不转向求助其他福利资源——私人、慈善和志愿组织。美国联邦政府、州政府，以及地方政府，也直接或间接地支持这些非政府的服务机构向困难人群提供各类的社会服务。

早在克林顿当政期间，美国政府就批准并支持以信仰为基础的组织或社区组织参与社会服务，批准了法规，并给予资金支持。但是克林顿时期，政府的支持资金规模很小。与民主党比较，共和党更关注和支持非营利组织。前美国总统里根称非营利组织为美国的社会安全网。现任总统布什在 2000 年的竞选纲领中，把支持以信仰为基础的组织和社区组织提供的社会服务作为任期目标之一。他认为人们不仅需要服务，更需要人与人之间的爱，而只有志愿组织可以满足这样的要求，可以提供这样的帮助。正如美国总统助理兼以信仰为基础组织和社区办公室负责人所说:“政府可以提供资金、调动军队救援、提供必要的物资，但是它不能提供更具体的服务，诸如遭受灾害的人群的心理康复、社会关系重建等。而非营利组织能够做到，非营利组织可以通过各种服务，包括志愿服务在人们之间建立起相互信任的关系网络，形成社区组织和社会关系。”

布什当选总统后，立即成立白宫以信仰为基础组织和社区办公室，拨款支持社会弱势群体。发生在 2005 年的飓风灾害使人们看到了美国人民在灾难时的志愿精神和慈善传统。当然，布什也认识到了非营利组织在这场灾难中的积极作用，他指示白宫以信仰为基础组织和社区办公室动员全国非营利组织参与救助工作。2001 年的“9·11”事件，美国政府投入了几十亿的资金，主要用于基础设施重建和基本服务的提供，而美国非营利组织提供了几个亿的资金，主要用于食品和住宿等急需服务。2003 年，美国人民捐赠了 2 410 亿美元给慈善组织或公益组织，其中 83% 由个人捐赠（包括遗产捐赠），11% 来自基金会，6% 来自法人机构。

美国政府和非营利组织之间的关系根植于很深的战略伙伴关系。其实，在提供社会服务过程中，政府与非营利组织的合作是相得益彰的。在其他国家许多由政府提供的服务，在美国却由非营利组织和私人提供。美国政府依赖于非营利部门去执行人类服务项目，特别是卫生、教育和福利服务。政府大约一半的卫生、教育、福利服务基金都是通过以社区为基础的非营利组织来执行的。政府对非营利组织的直接支持表现为直接为非营利组织提供基金支持和直接与非营利组织签署合同。政府对非营利组织的间接支持包括免税、减税；为从事儿童照顾、老人照顾、住宅补贴的非营利组织提供税收信用（政府为那些给这类服务付费的个人买单）以及国债保险等。

## 如此对待与百姓相关的事

2006 年裴重生先生收到一封寄自美国佛罗里达州迈阿密市规划设计院的挂号信，信是用中文写的。

事情的原委是这样的：2005 年夏天，裴先生与在佛罗里达州读书的表兄到迈阿密市游玩，在路边休息时收到当地市政人员派送的一个礼品袋，里边有一支美女牙膏，是赠品，还有一封

《征询意见信》，他们计划从迈阿密市新开一条公路到佛里思镇，全长 3 万余米，特向当地居民与过往行人就公路两旁的绿化建设征询意见。信里附有《意见表》和一个信封。当时，他拿起笔来却感到力不从心，因为英文太差。他想不理它，但是看到那支美女牙膏，心想受人之惠，应该尽力回报，于是便用中文写了自己的意见。他表兄当时还说："你用中文填写，人家怎么看？别白费心思了。"他万万没有想到，迈阿密市规划设计院的人员不但认真研究了他的意见，而且还通过他留在意见表上他表兄的电话，问到了他在中国广州的住址，漂洋过海，把回信寄到了他的手上。

信的大意是：

> 首先感谢你积极关心我们的道路绿化建设。你在《意见书》中提出，希望我们在路边多种乔木以让行人遮阳避暑，还推荐了紫荆、龙眼、白玉兰、芒果四种树。你的看法有较高的科学性，愿望也是良好的，我们很赞赏。对你所推荐的四种树，我们做了研究，认为龙眼树可以种，但是紫荆、白玉兰、芒果不可以种。

信中列举了一些理由。信中提到，如果对他们的初步决定有不同意见，希望来信讨论。

裴先生看着这封来自大洋彼岸的信，他说，他服了，人家竟是这样对待与老百姓切身利益相关的事![①]

2002 年初，在马萨诸塞州的艾莫斯特镇，根据一部分居民提议，为了给本镇青少年足球协会在本地开展足球运动创造方便条件，镇政府拟出资 6 万美元对 5 个足球场进行维修。此事立即在居民中引起了热烈的讨论。赞成者认为，不能让孩子在坑洼不

① 裴重生．奇特的美国挂号信．羊城晚报，2006－09－14

平的场地上踢球，那样会不安全，可能会使孩子受伤。反对者认为，在这些球场上踢球的孩子有45%不是本镇的，而且学校里也有活动场地，镇上还有更需要用钱的地方，不能把钱就这么花了。住在足球场附近的居民更提出那里道路狭窄，修好球场后必定来往的人多，交通就会更加拥挤，会给那里的居民生活造成新的不便。此事经过4个多月的反复讨论和听证后，在镇代表会议上进行了表决。表决前，赞成和反对的双方都极力向代表们游说、做工作，还向居民散发宣传材料，青少年足球协会还组织中小学足球队员在场外进行声援。表决的结果是赞成方以2/3的多数票获胜。此项决议将列入下一年的预算中。但是，事情并没有尘埃落地，因为根据美国地方政府决策中“保护少数”的民主精神，还必须慎重对待民主决策中少数人的意见。决议通过后，住在足球场附近的居民又联名向镇政府提出了不能拨款维修足球场的动议，主要理由是，他们认为足球场维修后的交通拥挤和环境污染将极大地影响他们的生活。虽然他们在上一次的表决中是少数，但是他们现在所提出的问题是不容忽视的，所以还必须进行新一轮的辩论。①

另外，美国地方政府的行政活动透明度很高，他们似乎没有什么需要保密的，所有的会议都是公开进行的。电视台进行现场直播，选民可以自由旁听，可以拿到或索要任何所需的材料，包括政府部门的电话、办公地点与时间、电子邮件地址及官员的姓名、住址、电话等。

---

① 高新军. 美国是怎样监督地方政府官员的. 中国社会导刊，2005（5）

# 美国电信市场见闻

电话和网络已经是现代人生活不可缺少的组成部分。与世界上绝大多数国家相比，美国的电信市场因为竞争激烈而发育成熟，成为讨人喜欢的市场，价格便宜，服务良好。早些年初到美国的人，因为在国内已经习惯于和唯一的中国电信单线联系，突然听说可以使用不同电话公司的服务，可以有很多种选择的时候，有一种新奇的感觉。打国际长途 1 分钟一两分钱，实在是不可想象的美事。据说商家也巧布陷阱，有时也让人防不胜防。所以，在美国打电话也要费心思。当年，美国电报电话公司（AT & T）曾垄断美国电信市场达 40 年之久，20 世纪 80 年代初，因垄断经营收费太高而引起公愤，被美国司法部以“反垄断法”起诉，遭强行肢解之后，一分为八。1996 年，美国又通过新的电信法，全面放开电信竞争，允许互相进入、互相渗透。行业门槛降低后，最直接的结果是消费者的选择多了，电话价格也降下来了。

## 激烈的市场竞争

近年来，美国电信市场的竞争格局已经逐渐形成，竞争日益激烈。首先是固定电话的绝对优势地位被打破。据了解，近年美国固定电话用户总量稳中有降，移动通信的替代作用开始显现。截止到 2004 年 6 月，包括住宅和商业用户，美国固定电话用户总量达到 1. 81 亿户。但与 3 年前相比，美国本地固定电话用户数量减少了近 1 200 万户。与此同时，移动电话用户的数量迅速增长。截止到 2004 年 6 月，美国移动电话用户数比上年同期增长13%，达到1.673亿户，基本接近固定电话用户的数量。

其次，主导运营商与非主导运营商在市场份额的占有上有较大幅度的变化。在全国范围内，本地非主导运营商的市场份额持续增长。截至2004年6月，本地非主导运营商的用户数量比上年同期增长19%，总共获得了17.8%的市场份额，总量达到了3 200万户，本地主导运营商（ILEC）占据了82.2%的市场份额，总量约1.5亿户。从绝对数量上看，本地主导运营商仍然占有优势。但是从地域上看，本地主导运营商基本在每一个地区都面临本地非主导运营商的激烈竞争。在美国所有州以及哥伦比亚特区和美属波多黎各都有本地非主导运营商提供本地电话服务，97%的美国家庭用户在使用本地电话时都至少有两家本地非主导电话运营商可以选择。

第三，从经营模式上看，本地非主导运营商的商业模式在过去的5年中发生了很大变化。在市场刚刚开始引入竞争的1999年，42.9%的本地非主导运营商选择了批发零售这种进入门槛相对较低的商业模式，本地电话市场一度活跃着大量的地区性的小运营商。

第四，美国本地电话市场的另一亮点是有线电视公司（如Comcast）开始提供基于电视网络的基本电话服务。截止到2004年6月，全美国已有330万用户通过有线电视网络接入本地电话网，占到了本地非主导运营商总用户数的1/10。有线电视公司实际上已经有了本地电话市场的半壁江山。随着宽带接入的进一步普及，VoIP似乎为打破本地环路的瓶颈提供了新的选择，AT & T、Qwest、时代华纳、Verizon等老牌运营商也纷纷开始提供这项服务。与此同时，Qwest也开始在明尼苏达州提供类似的VoIP业务，并计划在近期内推向全国。截止到2004年2月底，Vonage的全IP网络已经拥有13万VoIP用户。到2004年年末，有线电视公司已经拥有超过380万的本地电话用户。根据美国电信工业协会的估算，到2007年，全美国将会有超过800万的用户选择基于有线电视网的基本电信业务。

在美国，一般各家住宅附近至少有两家以上的本地电话公司。所以，固定电话用户首先就面临选择哪一家电话公司的问题，如BELL ATLANTIC、BELL SOUTH、GTE等。最简单的办法就是上网查找，在特定网站上输入住宅具体地址，立即就可以获得有关电话公司的详尽业务计划。通过对几家电话公司的业务和价格进行比较后选择用哪一家公司。在确定了所选的电话公司之后，下一步就是决定选择哪一种服务套餐。

家庭电话一般实行包月制，每月交固定的费用，即可无时间限制地使用当地电话。但是这个费用是根据不同的套餐而定，不同的州和不同的地税也会造成话费的差异。服务套餐的服务项目包括：呼叫等待、呼叫转移、三方通话等。如果需要再增加其他功能，如语音留言，还要单收服务费，具体情况在各个公司也不一样。各电话公司月租费不同，大致为10~20美元。家庭电话服务不专属任何一家电话公司，要转换电话公司也很容易，只要给双方的电话公司打个电话，就可以全部办妥，不需另交其他费用。

手机的服务也可以有多种选择，各电话公司都有自己的名堂。如每月30美元基本月租费，则可以每月有500分钟的通话时间；每月99美元基本月租费，就不限制通话时间了。我女儿选择的是交费60元打700分钟，夫妇俩的手机可共享，则再另加10元。由于她在Pfizer工作，电话公司为讨好他们的单位，主动给他们单位的员工电话费打8折，所以她实际上每个月只花56元；而且这700分钟是指白天电话高峰时间，非高峰时间和节假日打电话是不计时的。

全美国分为200多个电话区，但是有趣的是，美国电话公司对本地电话的定义不同，有的是按方圆几十英里的范围来确定，有的则是按城市来划分。比如 AT & T 公司是把方圆 15 英里（约 24 公里）内的电话看作本地电话；Qwest 则把打到某些城市或地区的电话看作本地电话。

美国的长途电话业务分为州内长途、州际长途和国际长途。选择长途电话公司很费脑筋。长途电话公司多如牛毛，因为它不像地方电话公司那样各有自己的地盘。例如，有人选择市话用太平洋贝尔电话公司（它是 AT & T 分割后的 1/8），国内长途用 AT & T，国际长途则直接用电话卡了。他所选的市话价格是固定月租费 17. 5 美元（含联邦税、地方税）；州内长途每分钟 5 美分；国内长途（有些公司将加拿大也算作国内长途）是每分钟 10 美分。

公用电话需投币或用电话卡，要拨一大串号码。公用电话用来打短途的当地电话尚可，打长途则是很贵的（指投币）。

另外，美国居民除固定电话的基本费用外，若每月再多缴 10 美元就可以随意拨打美国与加拿大的任何地区。IP 电话也有一个类似固定电话的固定收费计划。例如，Vonage 公司的 IP 电话费用为每月 24. 99 美元，允许打 500 分钟电话，可拨往美国或加拿大的任何地方。移动电话的最大优点是给人们带来了更多的方便。美国移动通信产业协会指出，这种通信工具最重要的贡献是给人们提供了拨打紧急电话的方便。目前，美国人平均每天用移动电话呼救 12 万次。此外，移动电话产业还为美国提供了 100 万个就业机会。①

## 几美分的国际话费

美国的电话费便宜得令人难以置信。电话卡是所有在美华人

① 张海洋．在美国打电话得算计．环球时报，2001－09－04

的最爱。提供电话卡的实际是一些小的电话公司，他们往往是租用大电话公司铺设的通信光缆，还有的用网络电话，再加上有的公司逃避电话费的国际结算，结果电话价格低得令人难以置信：从美国打到中国的国际长途话费每分钟5~10美分，有的甚至1分钟不到2美分。我女儿用过1分钟1美分的国际长途电话卡，所以她每次给我打电话可以毫无顾忌地说上半小时或1小时。但是她说使用这种价格时比较麻烦，需要每次换一张卡，实际上并不是真的去买卡来换，而是换不同的卡号，输入的号码比较长，现在她选用的是1分钟3美分这一价位的，比较方便，这也实在是够便宜的了！

近年来，美国的固定电话用户在逐渐减少，移动电话用户却在迅速增加。新华社洛杉矶2000年7月26日的一则报道说，美国移动通信产业协会宣布，当年美国的移动电话使用者已突破1亿，占到了美国总人口的36%。美国的移动电话正在以每天增加6.7万户的速度发展，其普及速度大大超过了普通电话、电视和汽车的发展速度。在美国，移动电话用户突破1亿只用了17年，而普通电话、电视和汽车用户达到同样的规模则分别用了91年、54年和68年。移动电话用户的迅速增加与移动电话公司推出的名目繁多的业务种类及周到的服务是分不开的。

## 商家巧立的陷阱

电话服务在种种方便的背后，商家也悄悄地设立了陷阱。如果消费者对当地电信市场不熟悉，不管是用手机还是固定电话，一不留神就有可能掉进陷阱里。

美国的推销员习惯打电话或上门促销，其中也包括推销电话服务的。例如，一天，AT & T公司的推销员打电话给一个用户说，该公司正推出一个极优惠的国际长途电话计划，使用其国际长途电话服务，每月可获赠100分钟免费国际长途，不妨一试。结果一试就试出第二个月寄来的近200美元的大账单。原来，该计划的国际长途只包括加拿大、英国、中国香港等几个国家和地区。打往北京的电话是每分钟2.40美元。电话公司还会“慷慨”地给你开通一个免费打入电话，这种电话一般是商家作为“咨询热线”或“促销热线”用的，对打进来的一方看起来是免费的，但是受话方是要付给电话公司话费的，而且话费很高，平均每分钟0.5~1美元。如果不了解这个情况，给朋友打了不少电话，自己是免费了，朋友却大大破费了。这样会弄得很尴尬。

在每月提供的免费通话时间上，也有很多文章。例如，30美元的基本月费，提供500分钟免费通话时间，但其中只有125分钟是高峰时段（早7时至晚5时），375分钟是非高峰时段（晚5时至次日早7时），而且不包括漫游通话时间。他们的长途包括了美国国内和国际长途，价格不同。除了每分钟的收费外，往往会有一些月租费和税，很多小公司经常会利用顾客的疏忽，收得很多。在这方面大公司做得较好。美国电信行业竞争激烈，所以经常会有人打电话诱惑你使用某公司的某项服务，一些甚至是用中文和你拉家常。对此，如果不细心，不多问多了解，就会被迷惑。各长途电话公司都有一定的优惠，比如每个月送25元，送四个月，免月费，打够多少半价什么的，你可以根据自己的需要选择。一些电话公司的收费分时段，比如白天10美分，晚上5美分，周末半价，诸如此类。美国电话号码一般为十位，前三位为区号，后七位为具体号码。前三位为800、877、888的多为对方付费电话，自己无须花钱。打公用电话也是如此。

# “911” 非仅用于报警

“911”是报警电话，但是美国的911并非只有报警时才使用，一些很小的事情也可以用，比如钥匙忘在家里，而厨房还煮着东西，邻居的嘈杂声音过大等。美国警察大多数素质较高，服务很尽责，态度也很好。我在女儿家遇到过两件事情。第一件事情是：一天，家里突然跑进来一条小狗，不知道是谁家的，很不好处理。我们就打了911，很快就来了一位女警察把小狗带走了。晚上来了一位胖妇人向我们道谢。可见，警察对此事是很认真负责的，他们很快就找到了小狗的主人。第二件事情是：一天中午，突然有人来敲我女儿家的门，声音很大。当时只有我和老伴以及刚刚1周岁的小外孙三个人在家，老伴在楼上房间午睡，我和小外孙在一楼客厅里玩耍。开门一看，是一位年轻的男警察，看起来急匆匆的。他说我们打了911报警电话，问出了什么事情。我说：“没有什么事啊！这段时间我们根本没有打任何电话。”他说：“不对呀，确实是你们打了电话。”他当场检查了我们的电话，然后给我看，证明我们确实打了911。我很纳闷。这个男警察突然想起了什么，问我家里是否有小孩子。这时刚好我的小外孙高高兴兴地爬过来了。没有等我回答，警察就认定是这个小家伙搞的名堂，是他打了911报警电话。于是警察和我顿时都轻松起来，他很和气地说，没有关系，婴孩误打911电话的事情也发生过。然后，他还逗了逗让警察局虚惊一场的小家伙，才礼貌地告辞而去。回到警察局后，他向我女儿通报了事情的原委和经过，提醒平时要注意尽量不要让小孩子摆弄电话。

## 打中国人的主意

为扩大市场，一些商家推出美国漫游电话卡，向出访美国的客户提供低资费拨打国内电话的便利，专门用于客户在美国拨打中国内地的电话。客户可通过漫游电话、美国当地固定电话（公用电话除外）或移动电话使用该业务。

我对国内移动电话的收费耿耿于怀，以为世界上只有中国的手机才是双向收费的，在这个问题上美国和中国是一样的，也是双向收费。但是人家的双向收费是指两部移动电话分属于不同的电话公司；如果两部电话属于同一电话公司，则是不收费的。

新华社北京 2004 年 12 月 28 日电，有一则消息：中国信息产业部电信研究院通信信息研究所副所长杨青日前预测说，2005 年中国移动电话用户将达到 4.02 亿户。当时，中国移动电话用户已超过 3.2 亿户。杨青说，近年来，中国移动电话用户呈现高速增长态势，移动通信收入占全国各种电信收入的比例从 1999 年的 37% 上升到 2004 年的 42%。据易观国际《2006 年第二季度电信运营商监测数据》的研究显示，截至 2006 年 6 月 30 日，中国固定电话用户已达 3.66 亿户，移动电话用户更是达到了 4.27 亿户，高出固网用户 16.5 个百分点。

中国的电话费与一般人的收入相比是昂贵的，电信垄断很牢固。在 20 世纪 90 年代，北京安装一部家庭电话要 5 000 元人民币。现在，北京家庭固定电话月租费 20 元，只提供所谓市话 25 次的优惠。这个优惠简直就是开玩笑！进入 2007 年，国内长途电话费有了晚上或节假日的减价时段，17909 推出了 1 月至 7 月的晚上 9：00 到早上 9：00 的 1 分钟 1 角钱的促销活动。这不能不说是个进步。但我们所看到的仍然是这个有着高额利润的电信垄断行业！

# 漫谈美国义务教育

我从事教育工作长达30多年，职业习惯使我几次到美国都对他们的学校产生兴趣，参观过不少大学，也留意过一些中小学，深感美国政府的"义务教育"承诺掷地有声。美国的中小学教育到底怎么样？近年来美国人对中小学教育的看法分歧越来越大，改革的呼声很高。最近，由来自美国两党的学者、商界领导人、校长、教育专员以及前内阁部长和前任州长组成的研究小组的报告提出，美国的教育体制需要全面改革，认为美国学生学习不长进，白人学生与少数民族学生的学习成绩相差甚远。该小组提出的改革措施有：对未上幼儿园的儿童实行统一的教育计划；给未获得中学文凭的成年人提供再教育的机会；建立州委员会出题考试机制，16岁通过这一考试的学生或升入社区大学，或去学习达到大学水平的课程；提高学校工作人员的工资水平并减少安全养老福利，为加班加点帮助困难学生或在帮助困难学生方面成绩突出的教师涨工资；制定的课程要能够突出培养学生的创新能力和抽象思维能力，而不是死记硬背具体知识等。报告备受关注，涉及的范围之广和表现出的勃勃雄心实属罕见。①

## 来德亚镇的学校

女儿家住在康州来德亚镇（Ledyard），全镇有15 800人，面积40.5平方英里［约为105平方公里；1英里=1 760码=1.609 3千米（公里）］，平均每平方公里130人。镇上许多人只

① 美国教育需全面改革. 参考消息，2006-12-16

是在这里居住，并不在这里就业。镇上有图书馆、邮局、花卉市场和大小超市，也有工业，缴税的前五名大户有：Dow Chemical（Industrial）（化学品）；Mashantucket Pequot Tribal Nation（Housing）（住房）；Two Trees Partnerships（Resort）（旅游业，宾馆）；Flintlock Associates（Housing）（住房）；Connecticut Light and Power（Industrial）（康州电力）。

女儿家附近有一所小学 Gallup Hill School，从她家步行五六分钟即可到达。在 2006 年的整个春、夏之季，甚至包括雨天，丁先生每天都用车推着他 1 岁的小外孙去那所小学，有时一天还不只去一趟，陪着小外孙玩耍、嬉戏，看着他沿着滑梯兴奋地爬上滑下，展现生命的活力；或在大树下休息、乘凉，看春去夏来，看花红树绿；或在教学楼前驻足，看学生们上学、放学，看老师们上班、下班。他们成了那里的“名人”，经常有学生和老师热情地与他们打招呼，有时候校长也与他们聊上几句，他们还在那里结识了几位朋友。我也数十次地来过这所小学校，陪着女儿，推着外孙，在校园里徜徉，呼吸着自由的空气，欣赏着晚霞的余晖，看孩童们奔跑打闹，体味着童心童趣，悠然自得地打发时光。学校平和宁静的气氛沁润着我的心，我想它也在滋养着孩子们的心。我常常回忆起 50 年前我在长春市二道河子区中心小学度过的 6 年时光，那是一段美好的日子，学习很快乐，从没感到有什么压力，5 年级的时候当了少先队的大队长，在小学毕业的时候，被保送上了初中。在那里我受到了非常好的教育，几届班主任和少先队大队辅导员的音容笑貌至今清晰地留在我的记忆里。老师的表扬、鼓励和宠爱长久地温暖着一个少女的心，激励着她不断地向着新的目标努力。而今天回想起来，仍然觉得很甜蜜。由此，作为一个教育工作者，我也一直在思考我国现在的教育，特别是中小学阶段的教育，我们的教育理念和方法是进步了，还是倒退了？我们的教育究竟给了孩子们多少爱？为什么一些中国的孩子更喜欢美国的学校？我寻找着我们的教育与美国教育的不同，思索着孰优孰劣？而这优劣的标准又是什么呢？

Gallup Hill School 是一所公立学校，有学生 344 人，教师 23 人。校舍很简朴，只有一幢楼，学生上课和教师办公都在这一幢楼里。学校靠近镇上的主要道路，校园很干净，有一片专用的停车场，东南面有一片茂密的树林。每到下午 3 点半，五六辆校车在校门口（实际上没有校门）一字排开，学生们有序地从教室里走出来，排队上车，老师在车门口照顾着、招呼着，偶尔也有调皮的学生迟迟不上车，让老师着急。一位男老师做总指挥，此时，路上所有的车辆都停止了通行，给校车让路。按照美国交通法规的规定，有学生上下校车的地方，其他车辆必须停下来等候，否则就要被罚款 500 美元。校车开出后，路上的各种车辆就开始正常运行了，单独接孩子的家长，也都陆陆续续地开车把自己的孩子接走了，有的是几家的孩子同乘一辆车。早晨，学生们到学校的时候，校长笑容可掬地迎候他们，跟孩子们一个一个地说“早上好”，有时还亲切地与孩子们拥抱一下。孩子上学坐校车是免费的，学生家距学校 2 英里以上即可乘校车。校车上有一个司机和一个管理人员，校车只供学生专用，无论你到学校是公干还是私事，一律不得以任何借口乘学生的校车，连司机的亲朋好友都不行。但是学校组织学生去旅游，家长可以乘校车，那是因为家长要当监管人员。去旅游来回的路上家长可以乘坐校车，但是家长回家还得用自己的交通工具。在学生放学以后和周末，校园的体育设施就向社会开放了，附近的一些居民常带着孩子去学校玩。学校的活动场地分两处，一处是学前儿童活动区，主要活动器械有滑梯、秋千、吊床等；另一处是小学生活动区，也有滑梯、秋千，还有篮球场、足球场和攀缘设备。课余时间来玩的人不多，经常看到一些十多岁的男孩子来打篮球，有时也有女孩参与，多为黑人孩子，偶尔碰上一两个家长带着学前儿童来玩滑梯或荡秋千，只有我们这一组老老小小的是“常委”。据我们观察，Ledyard 镇上的许多居民家里就有各种体育活动设施，如单个的篮球架、游泳池（有一种是地面游泳池，随时安装上，灌上水，即可使用）、滑梯、秋千等，所以放学后许多孩子不需要到学校去玩。

距离女儿家约 5 分钟车程有一所公立高中（Ledyard High School），在学生放学以后和周末，运动场地也同样向社会开放，它有个很大的网球场，而且它的利用率很高，可以 4 组同时开赛。经常有家长开车带着孩子来打球，也有成年人相约来玩。我女儿有时就约朋友去那里打球，我和小外孙做他们的观众。幼儿园也是一样，室外的活动场地在小孩子由家长接走后或周末也开放，家长可以随便带着小孩子来玩。

各种学校在课余时间之所以一律向社会开放，就是因为它们是“公立”的，政府拨款，花纳税人的钱，所以要提高设备的利用率，使更多的人受益。

## 义务教育与家庭学校及残疾学生

美国义务教育的经费主要来源于政府拨款，另外，捐赠也是公立中小学教育经费的重要来源。美国的义务教育是 13 年，从 5 岁的幼儿园学前班到高中，不用家长交一分钱学费，并且，不管父母是美国公民，还是非法移民，孩子都可以上学，也都不用交钱，甚至连课本费都不需要交，课本由学校统一购买，借给学生，学生用后还给学校，学校再借给下一学年的学生使用。学生的早饭和午饭可以自带，也可以在学校食堂吃，早饭 1 美元多，午饭 2 美元多，如果家庭经济困难，可以申请免费。美国的义务教育是真正意义上的免费教育。美国在 1983 年《国家处在危机中：教育改革势在必行》的报告中强调：“对一个自由、民主的社会来说，对促进共同文化，特别是对一个以多元化和个人自由而骄傲的国家来说，共同享有高水平的教育是十分必要的。”

随着联邦政府对教育参与程度的提高，联邦政府对义务教育的投入占全国义务教育经费的比重已从20世纪50年代的1%和90年代初的3%提高到21世纪初的7%。如2001—2002学年，美国义务教育的总投入为4 120亿美元，占国民生产总值（GDP）的4%。当年公立中小学在校生4 740万人（私立中小学在校生520万人），生均教育经费达8 685美元。美国义务教育的投入额，不仅一般发展中国家望尘莫及，就连“国际经济和发展组织”（OECD）的成员国都无法与之相比。同期，OECD成员国公立中小学的生均经费为4 850美元，平均占其GDP的3.6%。如今，美国各州义务教育已延长至13年，涵盖了学前、小学、初中、高中以及相应的职业教育。教育是各州政府最主要的公共开支。各州政府公共经费中的25%左右用于义务教育，9%用于高等教育。各州政府在义务教育财政中分担的比重已从20世纪40年代的30%提高到现在的49%。各地有筹集义务教育经费的责任。在这里，“各地”或“地方”含县、市、学区，其中学区是地方筹集义务教育经费的基本单位。义务教育的经费是从当地居民的房地产税中扣出来的，富人要多出钱。

麻州每年每个中小学生的教育经费为7 000多美元，英语有困难的移民学生、身体有残疾的学生、家庭收入低的学生每人每年可领到几千美元的额外经费，特别是残疾严重的学生，每年的额外经费可达几万，甚至是十几万美元。此外，没有获得高中毕业文凭的学生，可以免费在以前的学校参加辅导班，并可无限制地免费参加州立高中毕业考试。在大学学费连年上涨的情况下，公立中小学的免费制度岿然不动，学费、书费永远是全免的，家庭困难的学生还可以享受免费或减价的午餐。①

美国的公立学校实行就近上学的制度，家住在哪里，孩子就只能上哪里的学校。判定是否属于某学区，看的不是房产证，而是近期的电话账单或水电账单。美国政府对公立学校的投入是一样的，对教师的要求也是一样的（大学毕业，有教师资格证书）。但是，学校仍然有高下之别，主要原因是生源不同，各学校学生的整体素质有差别。如果你对所在区的学校不满意，办法就是搬家，或者花钱去上教会或个人开办的私立学校。要上好学校，就要选好学区，好学区房价就高。上私立学校可以自由选择，只要交钱即可，一般一年的学费及各种费用为 7 000 ~ 8 000 美元，甚至可高达 10 000 美元。

美国还有不少家庭学校（home school），就是孩子不去上社会办的学校，而在家里由父母自己教孩子，一般是在家里跟着妈妈学习，也有几个孩子一起在某一家学习的。在家里学习，教育局也同样提供教材。美国人对“家庭学校”并不陌生，在美国独立战争以后的几十年中，家庭学校一直是一种极为平常的教育形式，教育的主要责任是由父母来承担的。以后虽然经历了“公立学校运动”，但是公共教育概念被接受还是很缓慢的。在 20 世纪 80 年代，美国教育危机问题被提出后，家庭学校的数量一度出现上升的势头。美国教育部统计，有 100 万学生在家上课，但全国家庭教育研究会则认为这个数字可能多达 170 万。

美国人有四大观念：人人平等的观念、崇尚民主的观念、崇尚法律的观念、受教育是一种权利的观念。从传统来看，美国人视教育儿童为家庭和父母个人的责任，而国家只是有限地参与，但是最近几十年发生了变化，随着公立教育的发展和运用立法来保障残疾儿童的教育，美国人也逐渐认为给儿童提供教育是政府

① 杨铁. 美国的“清水衙门”. 世界博览，2005（11）

的责任。美国残疾儿童及青少年教育被称作特殊教育，这是出于对残疾学生自尊心的尊重。这些有特殊需要的孩子，只要自己肯学习，总是有办法上学的。

教育残疾儿童和残疾青少年于18世纪始于欧洲，19世纪传入美国。1948年，美国有12%的残疾儿童能够得到教育；到1962年，在美国的50个州中，有16个州能向轻度弱智儿童提供教育；到70年代，通过了残疾儿童教育法案，残疾儿童受教育的问题普遍得到解决。美国于1973年通过“职业康复法案”，1975年通过“残疾儿童教育法案”，对残疾人士的教育产生了巨大影响。“残疾儿童教育法案”确立了全国特殊教育的政策，保证全国所有3～21岁的残疾儿童和青少年获得免费及相宜的公立教育，使全国800多万残疾儿童受益。①

“残疾儿童教育法案”对残疾学生的权益有详细的明文规定，如要求各州要根据残疾儿童的特点来提供相应的课程；残疾儿童应尽可能在主流环境的普通教室里与其他正常儿童一起接受教育；校方必须为每一个残疾儿童准备个人教育计划；向残疾儿童提供合适的交通工具及服务；如果残疾儿童不能与其他儿童一起接受教育，他们必须在家或在医院或在其他地方接受教育。如需要在私立学校上学，只要私立学校的课程达到公立学校的标准，政府就要支付其费用；如果州政府不按照法律行事，联邦政府会在警告和通告之后取消对其经济援助或减少教育拨款；如果校方没有能力或不愿意按照法律行事，州政府可以取消经济援助，而直接向残疾儿童提供教育资助。按照这样的规定，学校必须有残疾人轮椅能够通过的门通道，厕所也一样，需要加设特殊体位的便池。人行道和马路中间也必须有轮椅能下来的斜坡。残

① 孙建荣，冯建华．憧憬与迷惑的事业．北京：中国社会科学出版社，2000．93

疾学生的停车位有特殊的标志。健康学生占残疾学生的车位，要罚款500美元。某中学，一位残疾学生坐着轮椅来上舞蹈课，这个学生不能走路，当然更不能跳舞，但是他心里喜欢舞蹈，所以学校允许他选这门课。他通过观察来学习这门课，仍然可以得到学分。① 只有这样周密的制度安排，才能把义务教育彻底地落实，才可能不使一个孩子掉队！

美国是众多国家移民的汇聚之地，学校的模式异彩纷呈，带有各移民者祖国的痕迹。从一定意义上说，美国成了各国教育的博物馆。但是，美国教育还是更多地继承了欧洲教育的好传统。美国历来重视提高国民的基础教育水平，是世界上最先提出普及中等教育、普及高等教育的国家。世界上最好的教育还是在美国。美国是率先进入知识经济社会的国家，在世界27个关键技术领域中取得了24个领先地位。②

## 隆重的高中毕业典礼

美国社会对高学历无疑是很尊重的，但是社会毕竟不需要所有人都是学士、硕士乃至博士。在美国还是有相当一部分青年并不选择进入大学，或者不能进入大学。只接受高中教育也是许多美国青年的选择。在美国，对高中毕业隆重的庆祝，也体现了一个发达的社会明智而务实的教育制度安排。社会需要各种各样的人才，社会不能引导人们一味追求高学历，因为学历并非只是一个荣耀的光环或者找工作的敲门砖，而且是社会以及个人的一种巨大投资。美国重视高中毕业典礼，不只是为了庆祝一段学业的结束，而且代表了美国从社会、学校、家庭到学生本人对高中文

---

① 魏嘉琪. 美国中学生报告. 北京：作家出版社，2002. 281

② 王定华. 走进美国教育. 北京：人民教育出版社，2004. 286

凭的重视和尊重。高中毕业是国家义务教育阶段的结束，学生大概 18 岁左右开始走上独立的人生道路。人生独立，在美国是很被看重的事情。

我无缘亲临任何一所学校的高中毕业典礼会场，去感受那种热烈、庄严的气氛。但是女儿的一个同事有个女儿今年高中毕业，我们去他家做客时，他详细地介绍了孩子高中毕业如何选择上大学以及高中毕业典礼等情况，我也有意地关注了这方面的事情。高中毕业典礼不仅要求孩子的父母必须到场，而且希望孩子的祖辈和亲朋好友都来参加。有一个学校，只有 300 多名毕业生，却安排了一个拥有 5 000 个座位的礼堂来举行毕业典礼。我们会觉得没有必要，但是毕业典礼开始前竟真的是座无虚席。有一位家长在网上介绍了他儿子学校高中毕业典礼的情景，他写道：

> 2006 年 5 月 20 日是一个特殊的日子，那是在美国刻苦读书近 2 年，并取得优异成绩，而且已被多所大学录取的我儿子高中毕业典礼的日子，正好我有机会参加并目睹了全过程。虽然他就读的这个私立学校 12 年级毕业班只有 29 名学生，但是来参加毕业典礼的人数众多，整个教堂近千个座位座无虚席，而且四周也站满了人。他们有的是学生的家长，有的是亲戚、朋友，都是来自美国各地甚至世界各地，有的同学还有亲友团，当同学上台演讲或领取毕业证时，他们的亲友团会起立并齐声欢呼，大喊该学生的名字。整个过程庄严、隆重而又热烈，给我留下了非常深刻的印象！

座无虚席的毕业典礼会场

还有一位家长写道：

刚刚举行了我大女儿所在高中的毕业典礼，虽然毕业生只有一千多人，学校却租了当地能容纳两万人的体育馆举行毕业典礼，因为来给毕业生捧场的亲朋好友实在太多，有的人甚至是从外地赶来的。参加毕业典礼的人在体育馆坐了一半，在学生上台领毕业证的时候，来捧场的人，有大喊的，还有吹喇叭的。孩子高中毕业的庆祝最为隆重和热闹，若按学历高低和获得知识的多少，似乎博士毕业应该最值得庆祝，而美国的高中生不这么认为，当他们将毕业帽子高高地抛在空中、大声欢呼的时候，那意味着他们“熬”过了12年的中小学教育，从此走上成年人的人生之路。他们中的许多人并非要到大学继续就读，也许一张高中文凭就是他们最高的学历，但那也是了不起的成就。

一位家长说：

> 参加了大儿子的高中毕业典礼，听到学生代表的发言，感觉和国内很不一样。发言的学生不是指定的，而是从自愿报名的学生中“竞赛选拔”出来的。美国的学校都很注重对孩子的鼓励。在毕业典礼上，在优秀的学生发言后，校长还要表彰在音乐、体育、劳动和公益活动方面优秀的学生，最后给所有的毕业生颁发毕业证书。

美国的学校也很在意学生学习成绩的等级，但是这个成绩不是一次考试决定的，而是学期积累的总分。因为学习成绩的不同，在毕业典礼上学生的装束也不同。有一所学校，成绩在优秀等级线以上的学生披挂着金丝带，不够优秀等级的学生则披挂白丝带。

## 在美国怎样考大学

美国高中一般实行选课制和学分制。如柏克莱高中要求学生在4年里要修满220学分。学生没有班级，每一门课都是学生选择老师。在高中的9至12年间，学习成绩优秀的、尚有精力的学生可在社区大学提前选修大学课程，到大学就可以少修学分，缩短读大学的时间。一个学生说，他们柏克莱高中每年有2/3的学生不能如期毕业，但是他们在学校里最多可以待到19岁，超过19岁还拿不到文凭就必须离开，去其他成人学校学习。在高中学生入学手册里有一半的篇幅是介绍大学入学课程要求的。由于在美国上大学没有统一的入学考试，而各大学、各科系对高中生学过哪些课程又有不同的要求，课程要求达到的分数也不同，学生一入学就需要根据将来所想要上的大学的要求来选修课程。为此，学校设有专门的办公室，提供各大学的申请表和各大学的有关信息资料等。①

美国学生没有考试的压力。高中毕业没有统考，在毕业前半年申请大学。大学录取主要根据平时的学习成绩。平时的学习成绩由几部分组成：作业、小测验、期中考试、期末考试各占一部分。任课老师自己制定评分标准，只要学生主观努力，都能拿到毕业证书，也都能进入大学。在美国上一般的大学比较容易，但是要上名牌大学，竞争相当激烈，要求学习成绩优异，素质全面，有多方面的能力，而且学费昂贵，学费大都在 4 万美元，加上房租、用车和吃饭等生活费，4 年大学要花 20 多万美元。像法学和医学这样的专业，因为毕业后可以赚大钱，不但要求学习成绩好，而且没有奖学金。美国高中生在上大学之前都要做义工，尤其是医学专业，无论你学习成绩多好，都必须在大医院里做满一定时间的义工，才会被医学院校接受。想上好的大学，要申请参加 SAT（Scholastic Assessment Test）考试，即学生成绩评核测验，主要侧重能力测验，越是好的大学越倾向于将 SAT 成绩作为接收新生的标准。一般的、没有竞争力的大学对此没有要求。上好的大学，除了个人申请，学校还要安排面试。所以，有志于上一流大学的孩子，以及愿意培养自己孩子上名牌大学的父母，都不可能完全轻松，也不可能天天无忧无虑。

我们国内的一些传媒报道普遍认为美国教育的特点是给学生充分的自由度，家长尊重孩子的独立意志，学生没有学习压力。但是有久居美国的人士认为这种看法是片面的，美国确实有这样的教育氛围，但是这不是美国教育的全部。在美国，不同的社会阶层、不同的生活目标，都会感受到不同的教育压力。上流社会

① 魏嘉琪．美国中学生报告．北京：作家出版社，2002．10，21

的家庭教育与平民阶层的家庭教育就有很大的不同，严格的家庭教育很被上流社会所看重。

## “9·11”的影响与爱国主义教育

“9·11”事件对美国的影响是极其深刻的，对美国教育的影响更是深远。“9·11”事件后，美国人呼吁要从小培养热爱美国的公民和科技发明的英才，基础教育要以全面提高质量为首要目标。美国总统布什签署的《不让一个孩子掉队法》，重点也在于提高教育质量。21 世纪初的美国基础教育处于继续发展和改革之中，提高质量是基础教育改革的核心。在“9·11”事件后的一段时间里，美国国会两党、政府部门、社会各界精诚团结，搁置争议，一致对外，爱国情绪高涨。各级各类学校普遍加强了爱国主义教育。耶鲁大学提出，爱国首先需要了解国家，要求加强美国历史、文化和美国精神方面的教学。哥伦比亚大学开设系列讲座，宣讲在当代社会中大学生的社会责任感问题。纽约市的中小学生每天要向国旗宣誓效忠美国。俄亥俄州的一些中小学要求学生每人写一篇《给纽约消防队员的信》，表达对在“9·11”事件中牺牲的英雄的慰问和敬意，以及表明长大以后为国出力的决心。2002 年发布的《美国联邦教育部 2002—2007 年教育战略》重申，要加强对学生的思想教育，培养新时期负责任的具有爱国主义精神的高素质公民。一些社会科学方面的教科书增加了“9·11”事件的内容，这些书从 2003 年起陆续投入教材市场。

阿波斯特托莱德研究中心进行的一项权威调查显示，在欧美 18 个发达国家中，美国人对祖国的认同感和自豪感最强，也最愿意为保卫祖国而战。美国历来是最强调爱国主义精神和重视爱国主义教育的国家，甚至可以说美国的政治文化是自由爱国主义赖以生长的肥沃土壤。美国爱国主义教育的主要内容是宣传和培养美国精神。美国精神主要体现在作为一个美国公民的自尊和自豪感上。美国是一个年轻的移民国家，仅仅有200多年的发展历史，却成为世界头号强国，在世界政治领域中占有举足轻重的地位，在经济和科技等领域都走在世界的前列，这是美国人最引以为自豪的。美国的各种媒体都暗示美国是一个伟大、强盛、民主、自由的国家，作为一个美国公民是幸福的，是值得自豪的。美国精神也包括开拓、进取、务实、勤奋和追求平等与民主。从17世纪初北美第一个殖民地弗吉尼亚州建立以来，来自欧洲和世界各国的移民辛勤开发北美这片土地，日新月异地改变着美国的面貌，他们注重实际，以勤奋工作为荣为乐，轻视人为的“权势”，追求个人发展机会的平等和民主。

美国人的爱国行为是自觉的、自愿的，国旗在美国受尊重的程度以及围绕国旗所表现出的爱国意识在全世界也是少见的。在康州来德亚镇，平时约有2/5的人家悬挂国旗，到7月4日国庆日前后，挂国旗的人家会更多一些，有的人家门前还树起卡通人物“汤姆大叔”来喜迎国庆。美国的国家机关和各种社会机构，如议会大厦、司法行政机关、学校公司、宾馆、商场，几乎没有不挂国旗的。儿童上幼儿园学画画，先画国旗，中小学每周都举行升国旗、唱国歌和向国旗宣誓的仪式。每年6月14日的国旗日，各州都举行纪念仪式，公共场所都悬挂国旗。每到国庆节，美国就成了星条旗的海洋。美国的法律允许企业生产印有国旗图案的各种产品，包括服装、玩具、食品等，所以国旗无处不在，使你强烈地感受到国家对你的重要。

美国的爱国主义教育势头很强大。中学和大学的爱国主义教育以公民教育为主。年满18岁要参加成人仪式，宣誓效忠祖国。在一些大型集会上唱国歌是必不可少的，有的集会还要宣誓：“我热爱这个国家，保护这个国家。”美国作为一个移民国家，其《移民法》规定，所有新移民在申请加入美国国籍时都必须参加各地移民局组织的有关美国知识的统一考试，在接受移民官面试时，所有申请人必须明确承诺，一旦成为美国公民，只要国家需要，愿意履行作为公民应尽的义务，包括服兵役。

历任总统在就职演说中都有鼓动爱国主义激情的内容，语言精练，极富感召力。罗斯福总统为了鼓励人民为国家的兴旺发达而努力克服困难，在就职演说中说："我们唯一惧怕的就是惧怕本身。"肯尼迪总统在就职演说中号召美国人民说："不要问你们的国家能为你们做些什么，而要问你们能为自己的国家做些什么。"克林顿总统要求公民说："我们必须像家庭供养子女那样供养自己的国家"，"让我们不仅为自己和家庭，而且为社会和国家负担起更多的责任吧。"小布什总统在美国遭遇"9·11"事件后的重要演讲中鼓励美国人民说："恐怖分子的袭击可以震撼我们的建筑，但他们无法动摇我们牢固的国家基础。他们的这些行径可以粉碎钢铁，但是他们无法挫伤美国人民捍卫国家的决心。"这些对人民和青少年的爱国情怀是很有激励作用的。

# 我的费城故事

美国著名影星汤姆·汉克斯主演的影片《费城故事》无疑使这座美国的历史名城又平添了几分知名度。既然是美国的历史名城，费城的历史故事自然很多，与这些故事相比，我的“故事”实在不值得一写。但由于我至今只去过一次美国，时间也只有短短的三个月，而且这三个月的绝大部分又是在费城度过的，所以，我对美国的认识主要是在费城产生的，美国给我的印象主要是费城提供的。因此，我谈美国，就从我的费城“故事”谈起。尽管这些“故事”并没有多少内容可言，但是，它是我重要的人生经历，是我自己的“历史”故事，希望能够读到这些文字的人们能从这一角度和侧面了解和认识美国，并认同我的这些理解和评价，我将感到非常荣幸。

## 曲折的费城之路

我到费城是因为被邀作为访问学者去学习和交流的学校——宾夕法尼亚大学——是在费城。接到宾夕法尼亚大学的邀请函后，我就立即到美国驻华使馆办理赴美签证。虽然麻烦一些，但最终总算办成了。接着，我又依照通常的程序到教育部和财政部办理了相关手续，并拿到了财政部为我购买的双程机票。我本以为这下子就可以顺利地飞往费城了。然而，让我万万没有想到的是，我在美国底特律入境时却遇到了麻烦，而且造成麻烦的根源竟然是美国驻中国使馆的签证有误。

其实，在离开中国之前麻烦就已经开始了。我所乘坐的美国西北航空公司的波音飞机在起飞了几分钟之后，又返回了北京首都国际机场。正当乘客们感到困惑和惊讶的时候，飞机上的广播里传来了播音小姐平静和略带歉意的声音。她说的是英语，所以懂英语的乘客马上明白了：刚才飞机在起飞后出现了故障，现返回机场进行修理，大约需要三个小时。不懂英语的乘客从懂英语的乘客的表情和议论中也随即明白了事情的原委。于是，机舱内一片哗然和惊叹。大家既为自己的“命大”感到庆幸，同时也有些后怕：太吓人了，飞机竟然在起飞后出现了必须修理的故障！如果飞机再飞得高一点、远一点，或许就没有返回机场进行修理的机会了，而我也就没有机会写什么所谓的“费城故事”了。

在这无聊等待的三个多小时中，空姐、空嫂们不时地为客人们送饮料，并回答客人提出的有关问题，其服务基本上是令人满意的。

飞机还在修理中，我也在努力“修理”着自己的情绪。我本来跟同事的在美国工作的女儿约好，让她在费城国际机场接我。这样一来，岂不是要让她在机场空等三个多小时，这对于一个未曾谋面的接机人来说，实在是显得有点太不尊重了，甚至有点残忍。然而，我毫无办法。我根本不可能让飞机按照我的意愿早点起飞，并准时到达目的地，只能和其他同机乘客在机舱里慢慢地苦熬三个多小时。

算是不幸中的万幸，飞机终于在三个多小时后修好并比较平稳地起飞了。即使其故障再复杂一点，修理时间再长一点，我们这些无奈的乘客也不能有什么“脾气”，只能乖乖地、“耐心”地等待、再等待。实际上，在许多环境或情况下，人往往处于无奈的“没脾气”的状态。这时，忍耐是你唯一的选择。否则，你只能自己跟自己过不去。

由于飞机在机场修理时耽误了三个多小时，所以起飞后加快了速度，以便尽可能地把耽误的时间“追”回来。在快到达底特律时，我看了看表，时间被追回了两个小时。这样，如果入境顺利的话，我还有希望按时转乘预订的班机前往费城，从而按时与同事的女儿见面，免去她等待的烦恼和不安，也减轻我的负疚感。然而，麻烦恰恰就在入境时又发生了。

依照此次航程的安排，乘坐该航班的乘客要从底特律进入美国国境。底特律是密歇根州的最大的城市，是世界著名的汽车城。它位于该州东南部，圣克莱尔湖与伊利湖间的底特律河的西岸。而且东面与加拿大的汽车城温莎隔河相望。虽然我很想看看这座世界著名的汽车城，但它对我来说，只是一个进入美国国境的口岸，一个飞往费城的中转站。因为此时，我的心里只有费城。

由于此刻急着飞往费城，所以我只想赶紧离开底特律。可是，似乎上天有意让我在底特律多停留一些时间。经过底特律海关入境时，本来在我前面就已经排了长长的入境队伍，使得我不时地看表，急得头上直冒汗。

就在我好不容易排到检查人员跟前，并准备给他看一下签证就赶紧离开时，一个我即使长三个脑袋也想不到的事情发生了：我被扣住了！我，一个百分百的良民，而且是办了合法的出境手续的良民，竟然被美国的边防人员给扣住了。这不是老天爷有意在制造我和美国的摩擦吗？检查人员看了我出示的签证后，问我（当然是用英语）来美国干什么，到哪里去。我说是到宾夕法尼亚大学学习和访问，他让我出示了美方的邀请函。看后，他思考了一会儿，很认真地告诉我说我的签证种类不对，要求我回北京重新签证。我一听，立刻急了，用英语很强硬地告诉他：如果签证出错，那绝对不是我的错，而是你们美国驻中国使馆的错，如果你们不放心，可以同使馆联系，问问我的签证是不是他们签的，并责问他们为什么给我发放错误的签证，从而给我造成如此的麻烦。

那位海关检查人员显然觉得我说得有道理，于是就开始与美国驻中国的使馆联系。看我很激动，他叫了一位美籍女华人用汉语安抚我。经过一番询问和沟通之后，海关工作人员证实了是美国驻华使馆的错，当场给我修改了签证，并为因他们使馆的错误给我造成的麻烦向我道歉。其态度我是比较满意的，但我根本没有心情听他的道歉，本想数落他和使馆几句的打算也放弃了，因为我只想赶乘去费城的班机。

当我心急如焚地飞跑到检票口时，我不愿意看到的事情又发生了：飞机已经飞走多时了。

无奈，我只好等下一班飞机。让我苦恼的是，我没有办法同在费城接我的同事的女儿联系上，以便告之改航班的事情，让她改时接我。

当我度时如日地等到下一班飞机，由它将我送往费城之后，我并没有像期待的那样在机场见到前来接我的同事的女儿。就在我东张西望找她时，一个中国中年男子走到我跟前，用汉语问我是不是在等一位姓丁的女士，我很惊喜地说："是。"于是他告诉我说，丁女士由于得知我没有登上原先的班机，就先办别的事情去了，待会儿来接我，让我稍等一会儿。我非常惊叹同事女儿的办事能力。

几分钟后，同事的女儿果真来了。我虽然先前没有见过她，但还是一眼就认出了她，因为她长得太像她的父亲了。当坐上她同学开的私人轿车时，我感到非常的惊讶和羡慕。要知道，20世纪90年代，私家车对于大多数中国人来说还是一个比较遥远的梦想。如果我现在再到美国，决不会因学生拥有自己的私人轿车而感到惊讶。这不仅是因为我也有了自己的轿车，而且因为在现今的中国大中城市，包括部分小城市，拥有私家车已经成为非常普遍的现象，北京的私家车就更是数不胜数了。

不到半个小时，我们就到了同事女儿和她的同学合租的

“house”中。说是house，其实只是整个房子的第二层。第一层和第三层都租给了别人。这一层有一个非常大的客厅，还有两个房间，同事的女儿与她的同学各住一间。当然，厨房和卫生间是少不了的。房子里的基本设施都是房东的。房客只需带些自己的私人物品即可。

我在美国期间当然也是需要自己租房子住的。这在出国前就已经由同事的女儿办好了。我给她提的要求是，在卫生干净的前提下，尽可能地便宜一些。当饭后她把我领到替我租好的房子里时，我基本上是满意的。当然，我的所谓“房子”，其实就是一个房间。我的房间在三层，这层的卫生间是和同层另外三个房间里住的房客共用的。二层的格局与三层的基本相同，也由房客租住。一层是大家共用的客厅、饭厅和厨房。美国人的“house”实际上相当于中国现今的独栋别墅，而中国的留学生或访问学者所租住的“房子”则大多是其中的一个或几个房间。有了自己的“房子”，虽然是租来的，我已经感到自己真的是在美国住下来了，真的是一个临时的费城人了。

## 费城印象

**“革命之都”费城**。到费城之前，我对这座美国历史名城可以说一无所知。到了费城之后，我才通过一些宣传材料和留学生的介绍，知道了它的一些历史。但是，我在费城仅仅住了几天，就开始喜欢这座城市了，它作为美国“革命之都”的历史无疑使我对其又平添了许多敬意。

17世纪初，费城是瑞典人的移居地。1682年由英国的部分移民建成城市，其全称为“费拉德尔菲亚”，取自希腊语，意为“兄弟之爱”。1701年，正式设市。到18世纪中叶，已发展为英国的美洲殖民地中最大的城市。在美国独立战争时期，费城处于十分重要的地位。1774—1775 年两次大陆会议都在此召开，并通过了著名的《独立宣言》；1787 年在此举行制宪会议，诞生了第一部联邦宪法；1790—1800 年费城成为美国第一个首都；现在，费城仍为美国主要的经济、交通、文化中心之一。

独立纪念馆中的自由钟是这个革命之都的标志性文物。著名的《独立宣言》就是在这口钟下第一次被宣读的。从此以后，自由钟就成了美国自由的象征。1915 年，自由钟在美国巡回展览，从北至南，从东海岸到西海岸，所到之处都万人空巷，人们争相观睹这个美国圣物。我见到这个美国圣物时，内心确实有点肃然起敬，尽管它属于美国。

自由钟身上有一条又大又长的裂缝。这是许多游人既好奇又纳闷的事情。大家从没想到，这个美国国宝居然只是一个破裂了的铜钟。然而正是这个裂缝记载着自由钟的历史。自由钟是 1751 年宾州议会为了纪念宾州最早的宪法制定五十周年而特地从英国购入的一个铜钟。钟的上方沿着钟身刻了一圈《圣经》的经文“在遍地给一切的居民宣告自由”。选用这句经文是因为宾州的宪法是一部宣扬自由的宪法，同时也因为这节经文的上半节是“第五十年你们要当作圣年”，这与宪法五十周年大庆很贴切。“自由钟”这个称号就是因钟身上的“在遍地给一切的居民宣告自由”这句经文而得。

自由钟的作用和名气虽然很大，但其质量似乎并不怎么样。当初，第一次把钟挂起来，轻轻一敲钟便破裂了。于是找来两个工匠，一个叫 Pass，一个叫 Stow，把钟熔掉重新铸造。这两个工匠把自己的名字也顺带刻在钟身上，而且比钟身上经文的字还要大很多倍。重新铸造后的铜钟音色并不好，Pass 和 Stow 再次把钟熔掉重铸。重铸后钟的音色仍是不尽如人意，但他们已经再无办法，只好作罢。此后每当有重要事情发生，自由钟便会被敲响，听到钟声市民便会自动集合起来。在美国独立战争期间，自由钟曾被屡屡敲响，很多重要的历史事件都是在这个钟下发生的。但不知什么时候这个钟出现了裂缝。后来裂缝越来越大，到了1846年，这个钟就再也不能被敲响了。它只能成为供世界各地游人参观的珍贵历史文物。

**工业重镇费城**。19世纪以来，费城的铁路和港口发展得很快，制造业也开始兴起，1860年，制造业产值曾占全国的30%。费城的重工业、化工业很发达，是美国东海岸主要的炼油中心和钢铁、造船基地，还有化学、电机、电器、机械、铁路机车、汽车等重要工业部门，被称为“美国的鲁尔”（鲁尔是德国著名的工业区）。纺织、服装等轻工业也颇负盛名。全市约2/5的就业人口从事工业。工厂企业主要分布在城市外围、特拉华河沿岸的各卫星城镇，如城北的莫里斯维尔（钢铁）、特伦顿（铁路机车），城南的埃迪托纳（飞机）、切斯特（汽车、造船）、威尔明顿（化学），城东的卡姆登（食品）等。费城的商业和金融业也较发达。美国第一所银行和证券交易所即诞生于此。现在市区内有2万余家零售、批发商，商业职工占总就业人口的1/5，有商业银行58家，互助储蓄银行7家，为美国第三联邦储备区银行总部的所在地。1969年，美国新建的造币厂也在费城。

费城港是世界最大的河口港之一。港区沿特拉华河西岸分布，岸线长达80多公里，有300个码头。航道水深12.2米，河口处达16.6米，可供远洋海轮出入。有运河沟通特拉华河和切萨皮克湾，水深7.6~10.7米。设有面积约29公顷的自由贸易区。有3条铁路干线，稠密的公路网与港口连接，水陆联运便捷。市内有地下铁道和高架铁路，公共交通设施完备。市区内有6座大桥横跨特拉华河，与对岸新泽西州各城镇相连。费城国际机场位于市中心西南12公里处，客、货运量在国内居前列。

**国际化的大都市费城**。就城市的规模而言，费城显然无法与纽约、北京、上海这些国际大都市相比，它甚至比不上中国的部分中等城市，但我却始终认为它是一座国际性的大城市。因为它的内涵、建筑和并不张扬的气势，使你无法不把它当作一个大城市来看待。如果仅仅根据其面积和人口而将其看作是一个中等城市甚至小城市，那实在是太委屈它了。我在费城时，住在一起的留学生告诉我说，费城是美国的第四大城市，后来有些资料上又说，它是美国的第五大城市。其实究竟是第四还是第五并不重要，重要的是它的内涵和气势始终让人感到它是国际化的大都市。

费城市区以居河间的正中位置的市政广场为中心，以耸立于广场的市政厅塔楼为城市制高点，广场四角各有一林荫广场。街道布局呈棋盘状。城市安静，适宜居住，有“住家城”之称。市区居民38%为黑人，郊区居民则95%为白人。经中央广场的麦凯特大街和布鲁德大街是东西和南北两大干道。麦凯特大街和市政广场西侧的约翰·F. 肯尼迪大街沿线为主要商业区，多高层建筑。

从市政厅向西北延伸的本杰明·弗兰克林大街是一条宽阔的林荫大道，途经费城艺术博物馆、罗丹博物馆、本杰明·弗兰克林纪念馆和菲斯天文馆等重要的文化建筑，通往费尔蒙特公园。该公园沿斯库尔基尔河延伸，占地1 600公顷，是世界上最大的城市公园，内有1876年美国独立百年博览会会址。城东多历史遗址。1730年建成的独立广场，现为国家独立公园的一部分，其中的独立宫是1776年7月4日宣布《独立宣言》的地方，里面珍藏着著名的自由钟。附近的卡本特厅是第一次大陆会议的会址。建于1727年的基督教堂是华盛顿、弗兰克林及其他独立战争时期的领袖们的礼拜堂，附近有弗兰克林墓。城西是大学区，有宾夕法尼亚大学、坦帕大学、圣约瑟夫学院、克尔提斯音乐学院和宾夕法尼亚美术研究院等著名的高等学府。

在费城期间，独立纪念馆、罗斯故居、罗丹博物馆、宾州美术馆等著名的景点，我都去了。据说，费城的管弦乐团在国际上享有盛名。不过，我无论在费城期间还是回国后，都没有观看过这个乐团的演出。这可能与我缺乏这方面的艺术细胞有很大关系。

费城的地铁和巴士都非常准时。你提前5秒钟赶到站台，就可以乘上地铁，而迟到5秒钟就会错过你所要乘的那班地铁。巴士也基本如此。这一点给我留下了很深的印象，曾不止一次地发出感叹。

## 神秘的房东

我在自己所租住的“房子”里住了三个月，却一直没有见过房东的模样。直到今天，我的这位曾经的房东对我来说，依然显得有点神秘。每月前来向我收取房租的不是房东，而是其管家。当然，这是我后来才知道的。起初，我实际上把管家当作是房东。

管家是个六十岁左右的男子。他第一次向我收房租是由同事的女儿领来的，所以双方并没有多少交谈。他对我既不热情也不冷淡，收了我给的第一个月的房租后就走了。房租价格是同事的女儿与他事先谈好的，而且我也觉得比较合适、能够接受，所以我并没有再跟他讨价还价，很干脆地就把钱给了他。所谓“我觉得比较合适、能够接受”，并不是我觉得房租不贵，只不过是根据我事先所了解的美国房租的大致的行情，我所承担的房租是比较低的，这当然也是因为我所租住的“房子”条件比较差，但对于我来说，只要干净、卫生就可以了。实际上，即使这比较低的房租，对我这个从来没有租过房子住的人来说已经是很不情愿付出了，更何况它几乎是我在国内月工资的两倍！

美国是典型的市场经济国家，而房屋出租是一种非常重要的市场活动，因此美国的房屋出租信息非常多。在费城的街道上行走，不时地可以看到许多房屋上贴出的出租广告。媒体上的房屋出租广告当然更多。这对于如今的中国人来说已经不再感到稀奇，因为中国许多城市的房屋出租现象也很普遍。我自己就是一位出租房屋的房东。不过，我在费城做访问学者时，中国的房屋出租现象远不像现在这样普遍，更没有想过自己会成为房东，所以我当时还是为费城满大街的房屋出租广告而惊奇。

按理说，既然房屋出租广告那么多，要想租房子应该是很容易的。但依我看并不是这样。美国的房屋出租信息虽然很多，但价格对于七八年前的许多中国人来说，肯定是非常贵的。不少西方国家或台湾地区在美国学习的留学生，其一个月的房租达四五百甚至五六百美元（当然还有更高的），这几乎相当于许多普通工薪阶层的中国人一年的收入。试想，用一年的收入去租一个月的房子，这日子还怎么过！所以，许多中国的留学生或访问学者到美国的第一件事，就是要找到比较便宜的出租房屋。否则，仅凭政府、单位或家长给的那点美元是没有办法生活的。生活费没有了，学习、访问当然也就无从谈起了。

住下之后我才发现，这个已经有相当年头的显得很旧的“house”里竟然住了七八个人，而且都是中国内地的留学生或访问学者。实际上，在当时，愿意租住这样房子的也只能是来自收入不高的大陆学生或学者。应该说，这几年中国的经济发展很快，相当一部分人的收入有了大幅度的提高。如果现在再到美国租房子住，我和当时租住这个房子的其他中国留学生和学者大概都不会再租那样的房子。国家的经济发展状况决定着许多人的物质生活水平，包括在国外的物质生活水平。

住了几天，我渐渐与这个房子里的其他房客熟悉起来。闲聊中我得知，他们的房租比我的要便宜一些。我并没有生气，但还是准备在下一次管家来收房租时与其理论一番，努力将房租降下来。降多少算多少吧。降总比不降好吧。在美国这个金钱社会中，对钱的算计显然要比中国厉害得多，我自然也不能不受感染。而且，让美国人少赚咱中国人一些钱，不也是对我们国家作贡献嘛。

当管家第二次来收房租时，我问他能不能便宜一些，他马上毫不含糊地说不能。我问他为什么其他房客的房租比我的低，他说，他们来得早，当时的房租就是那样的价格，而现在已经涨了。这个理由在我看来显然是很充分的，也是合情合理的。于是，我不再坚决要求降低房租，原先准备的许多劝说词也都作废了，但还是试着争取了一番。管家知道我企图降低房租的想法后，不仅用非常坚决的态度拒绝了我的要求，而且对我也明显比先前冷淡起来。那种冷漠着实让我很不舒服。我心想，毕竟我是你的客人，而且是外国客人，你怎么就不能友好一些呢？这显然不利于构建和谐的国际社会嘛。

不舒服归不舒服，房子照样还得租。我不可能自己再去找别的房子租住。不光是经验不允许我这样做，时间也不允许我这样做。这可是在美国的费城，而不是在中国的北京，它对我来说可是一个十分陌生的城市。在这样一个陌生的城市，自己放弃别人已经为你租好的房子，再到别处去找房子租住，这不仅有点不近人情，而且对我这种不喜欢瞎折腾的人来说，无疑是件痛苦的事情。

前面说过，我当时与管家商讨房租价钱时，以为他就是房东。后来，一位先前住在这座房子里而现在已搬到别处去的中国留学生来串门时告诉我，那个每月来收房租的老年男子根本不是房东，而是房东的管家。而且，他也不是什么地道的美国人，而是移民到美国的德国人。在德国时，他曾经是一位军人，据说还上过战场。看他收房租时忠于职守的样子，我们也相信这位管家确实是军人出身。

那么真正的房东是谁呢？那位来串门的留学生告诉我说，房东是一位年近九十的老太太，和管家一起住在附近的比较新的house里。她是否有儿女，大家不得而知，反正身边是没有儿女伺候的。管家就是其唯一的陪伴人。虽然前前后后有许多房客租住过这位老太太的房子，但真正“有幸”亲眼见过她的人却寥寥无几。那位知道事情真相的留学生据说就是这些少数的“有幸”者之一。这无疑增加了我对这位房东老太太的神秘感。

她确实是一位神秘的房东。那位“有幸”者介绍说，这位年近九十的女房东眼花耳聋，记忆力自然也很差，但对于每个月的房租交没交上来，她却是一清二楚的，而且分分计较。这就难怪管家在收房租时态度那么坚决了。我听后真是惊叹不已。在美国这个金钱社会里，金钱的力量真是太大了，它竟然可以让一个这么大岁数的人对金钱如此忠诚！当然，我也许是以没钱人之心度有钱人之腹，未免谬之千里。

## 我骄傲的大学

说起我的费城“故事”，自然不能不重笔写一写我所访问的宾夕法尼亚大学，因为我在费城的大部分时间都是在这所学校里度过的。对我来说，宾夕法尼亚大学几乎是可以和费城画等号的。如果我会忘记费城的许多事物，但宾夕法尼亚大学我却是不会忘记的。忘记她，也就意味着忘记了费城，忘记了美国。

在国内，我先后在五所大学求学和进修，其中北京师范大学、武汉大学和吉林大学都是中国相当著名的高等院校，我也为曾经在这几所大学学习过而感到自豪。但是，说心里话，迄今为止，最让我感到骄傲的还是美国的宾夕法尼亚大学，虽然我在那里的学习和进修只有短短的三个月。这绝不是什么崇洋媚外，而是为一所学校的历史和文化所折服。

宾夕法尼亚大学坐落在费城市中心，是美国常春藤联合会成员之一。这所创立于1740年的男女同校的私立大学，其创办者是美国著名科学家和政治家，《独立宣言》起草者之一，避雷针、富兰克林炉及远近两用眼镜等的发明者本杰明·富兰克林。当时宾夕法尼亚大学为一所慈善学校。仅仅由于其创始人是伟大的科学家和政治家本杰明·富兰克林，宾夕法尼亚大学就足以令在此校就读过和正在就读的学子们感到骄傲和自豪。

在我心目中，富兰克林是一位没有争议的伟人。他从波士顿刚来费城闯江湖时身无分文，“只是腋下夹着一块面包”的年轻人。几十年后，富兰克林发明了眼镜，提议实施夏令时，把邻居们组织起来修街道与安装更好的照明设施；他发起组织了美国第一个反奴隶制的社团，协助建立了美洲大陆上第一所图书馆、第一座医院和第一家火灾保险公司；1776年7月4日他成为美国《独立宣言》的起草人之一，从而也成为美国的开国元勋之一。

本杰明·富兰克林通常被看作是“资本主义精神最完美的代表，人类道德与理性的最佳诠释者，一个令人难以置信的通才”。还有人把他比喻为“从天上偷窃火种的第二个普罗米修斯”。他作为举世公认的现代文明之父、美国人的象征，不仅深受美国人的爱戴，也受到其他许多国家，特别是法国人民的爱戴。在法国人看来，他们更加重视、爱戴富兰克林，更懂得欣赏他的才华。

美国总统乔治·华盛顿曾经这样评价本杰明·富兰克林：“因为善行而受景仰，因为才华而获崇拜，因为爱国而受尊敬，因为仁慈而得到爱戴，这一切将唤起人们对你的亲切爱戴。你可以得到最大的欣慰，就是知道自己没有虚度一生。”正因为本杰明·富兰克林凭自己的品德、才华和事迹而赢得人们的爱戴，所以他的《自传》成为一部影响了几代美国人、历经两百余年经久不衰的励志奇书，它包含了对人生奋斗与成功的真知灼见，以及诸种善与美的道德真谛，被公认为是改变了无数人命运的美国精神读本。

能够在这样的伟人所创办的大学里学习当然是一件值得骄傲和自豪的事情。我很荣幸地成为这些能够为此感到骄傲和自豪的人之一。

富兰克林一直认为，新的知识来自对现有资源最广泛的认识和最有创新的运用。这一思想不仅指导着他本人的研究工作，同时也是他创办富兰克林学院的指导方针。他想培养具有创新思维、对他人的创造反应敏捷、不脱离现实生活的人才。这一教育思想始终贯穿于学校250多年的发展历程。

1755年，富兰克林所创办的学校改名为费城学院和研究院。1765年学校的第一届毕业生约翰·莫根创建了北美洲第一所医学院，使学校成为事实上的大学。但一直到1779年，宾夕法尼亚州政府才通过立法对学校进行改组，将其正式命名为宾夕法尼亚州大学。1791年，校名又被缩为宾夕法尼亚大学。

为了纪念其创办者，宾夕法尼亚大学校园里四处可见本杰明·富兰克林的雕塑和以他命名的建筑。这些雕塑和建筑是宾夕法尼亚大学校园内一道特有的风景。我每次在校园里走过时，都要情不自禁地看几眼富兰克林的雕塑，还经常在他旁边坐下，并拍了许多同他的“合影”。在宾夕法尼亚大学校园里的富兰克林雕塑中，特别有趣的是一颗破碎成两半的巨大的扣子的雕塑。关于这一雕塑，流传着这样的解释：本杰明在晚年时很胖，有一次竟然将他衬衫上的一颗扣子撑破了。解释虽然略显夸张，但也确实有趣。

宾夕法尼亚大学不同于依照英国模式开设老式课程的殖民地学院，它标志着新的高等学府模式在北美洲诞生。甚至从宾夕法尼亚大学的前身费城学院时代起，学校就深受当时苏格兰教育改革的影响，这在当时的北美洲是绝无仅有的。学校的第一任院长，富兰克林的朋友威廉·史密斯先生就是一位苏格兰启蒙运动的支持者和追随者，他为美国的教育事业作出了许多贡献，将科学学科引入学院传统的希腊语和拉丁语教学大纲之中便是其中一例。可以说，宾夕法尼亚大学开创了现代美国教育之先河，她不仅首先设立了科学课程，同时还是第一个开设历史、数学、农学、英语和现代语言等课程的美国大学。

在其他许多领域，宾夕法尼亚大学也作出了很多开创性的贡献。例如，18 世纪时曾任宾夕法尼亚大学副校长的天文学家大卫·里顿豪斯教授创建了几座著名的机械天文台，其中的一座保留至今，成为校园的景点之一。这种被称为“太阳系仪”的机械装置实际上就是一种机械模拟计算机。1946 年，宾夕法尼亚大学莫尔电子工程学院又设计出了世界上第一台全电子数学计算机“ENIAC”，开创了计算机的新时代。宾夕法尼亚大学现已成为拥有十多所学院，几百个系、研究所和研究中心的世界一流的研究型大学，也一直是美国最好的综合性大学之一。在宾夕法尼亚大学的各个院系之中，最著名的当属沃顿商学院。它通常被看作是全美国最好的商学院。1997 年年底，当时的中国国家主席江泽民同志在访问宾夕法尼亚大学时宣布：中国将委托沃顿商学院培养高级经济管理人才。沃顿商学院的巨大名气和杰出的办学成就无疑提高了整个宾夕法尼亚大学的知名度，也是使我为宾夕法尼亚大学感到骄傲的另一个重要原因。我虽然不是来该学院访问的，但出于对其办学成就的敬佩，仍然时常到那里听一些课，并特意拍下了那里悬挂着的学院创办者约瑟夫·沃顿先生的大幅照片。

邀请我访问的是宾夕法尼亚大学的教育研究生院。该学院一向以为教育服务为永久性宗旨，并通过 3 个途径来实现：为教育系统各层的学校培养教育者，如学校负责人、导师、阅读专家、学校心理学的顾问、教师以及研究人员等；培养从事基础教育研究的学者；学院自身的研究人员积极参与各种教育课题的研究。学院的副院长严正女士为宾夕法尼亚大学同中国许多大学及部门的合作与交流作出了巨大贡献。让我去宾夕法尼亚大学做访问学者的邀请函就是由严正女士签署的。我在宾夕法尼亚大学学习期间，她给了我不少帮助，对此我一直心存感激。

## 赌城的“金碧辉煌”

一位与我同住一个楼层的广东籍的留学生告诉我说：来美国而不到赌城等于没来。到了赌城，你才能知道什么叫“金碧辉煌”，什么叫“发财梦”。被她这么一“忽悠”，我自然对赌城有了九分的“神往”。

说起赌城，人们自然首先会想到位于美国内华达州的拉斯维加斯。它排名世界四大赌城之首，而且也是美国最老的赌城。许多人在一些影片里，如《赌城风云》，以及其他一些文学作品中曾领略过它的“风采”。不过，对于我这个来美国宾夕法尼亚大学作短期访问、学习的学者来说，专门跑到离费城很远的拉斯维加斯去一睹其“风采”，显然是太费时间了。当然，也太费金钱。不过，如果不是离费城只有一个多小时的车程的地方有另一座著名的赌城，我也许会咬咬牙去一趟拉斯维加斯。离费城不远的这座赌城就是著名的大西洋城。它虽然没有拉斯维加斯的名气大，也比不上后者的规模和豪华，但却与后者一样，同属世界四大赌城之一（其他两大赌城分别为摩纳哥的蒙地卡罗和中国的澳门）。

没时间去拉斯维加斯，那大西洋城必定是要去的，否则就有点对不起此次的美国之行了。也许有些巧合，大西洋城和拉斯维加斯这两座闻名世界的赌城，都与我当时所在的宾夕法尼亚大学有联系。拉斯维加斯最著名的金殿赌场的老板、被业界誉为美国西部赌王的史蒂夫·韦恩（Steve Wynn），以及大西洋城最著名的建筑“泰姬·玛哈”的主人、被誉为美国东部赌王的唐纳德·杜普林（Donald Trump），都是毕业于宾夕法尼亚大学的沃顿商学院。这无疑更增加了这所世界著名商学院的名气，也增加了宾夕法尼亚大学的名气。

大西洋城位于新泽西州（费城的华人是把新泽西列为大费城地区一部分的），毗邻世界最大的都市纽约。在未开始经营赌场前，大西洋城只是一个不出名的海滨小镇。这里的海水偏凉，天气多雨，发展旅游业的前景并不大。美国著名的旅游休闲海滩，不是在新泽西，而是在加利福尼亚州和佛罗里达州。大西洋城成为美国乃至世界名城，显然是得益于赌业之盛。20 世纪 70 年代后期，大西洋城进入蓬勃发展期，不到十年时间就成为拉斯维加斯强有力的竞争对手，并且大有后来者居上之势。“地利”是大西洋城飞速发展的重要因素，大西洋城处于人口稠密的东部地区，距纽约只有 2 小时的车程，距华盛顿也不过三个半小时车程，而离费城则只有一个多小时的车程。

我抽了一个休息日，一大早就从费城的唐人街乘巴士来到了这座大西洋城。去之前，同“house”的同胞告诉我说，可以乘“发财巴士”去大西洋城。这种“发财巴士”，等你到了大西洋城后，不但把车费钱还给你，还另外给你 10 块钱，或给你一张免费的餐券，可以吃顿丰富的自助大餐。此等“好事”在中国肯定是闻所未闻。“不怕你不赌，就怕你不来”，赌场老板挖空心思要吸引人去，当然也就舍得做必要的前期投入了。我去大西洋城并不是要去赌，所以也就没有专门去乘坐“发财巴士”，而是坐普通巴士去的。

大西洋城的赌场酒店全部集中在滨海大道上，有 40 多座。最著名的就是刚才提过的“泰姬·玛哈”，该建筑主楼有 43 层，棕红色，巍峨壮观，顶部伊斯兰清真寺式的尖塔饰满闪闪发亮的人造宝石。这座融合了阿拉伯风格和现代建筑艺术的庞然大物耗资8亿美元，赌博、消遣、娱乐、住宿、饮食等功能样样俱全。整个赌场光老虎机就有7 000台，大型轮盘赌台250台，其他赌博形式也应有尽有。

络绎不绝到这里来的有世界各地的各种肤色、老中青和各种不同阶层的男女人士，但赌场的秩序井然，文明自娱。服务生多数是黑人，热情地指引赌客根据自己的要求到各种不同的房间去娱乐，玩“老虎机”的人最多，那是真正的自娱自乐。

我的家乡在港口城市连云港，大海对我来说绝不是什么稀奇之物，但当我站在大西洋城的海滩上，极目远眺辽阔的大西洋海面时，我好像第一次看到大海一样，好像刚刚体验到什么是真正的壮观！当时正值盛夏，海风吹来，给人一种无比舒服的感觉。一位非洲青年游客高举着双手，向着海面大声喊着：“太美了！我再也不回去了！”我被他的喊声所感染，并深有同感。当然，我是不能不回去的。这里再美，也不是我要长久生活的地方。我只能在中国长久地生活。我与不少在美国留学的中国学生有着同样的感受，那就是，美国只适合短期居住或游玩，而不适合长久居住，因为绝大多数中国人是难以真正融入美国文化之中的。像我这种已经在中国文化中熏染了30多年的人，就更难以真正融入美国文化中了。

大西洋的海岸上是海滨路，海滨路上是川流不息的人流。来自世界各地的游客，有着不同的肤色，穿着各式各样的衣衫，迎着柔和的海风在漫步，在欣赏大西洋城这美丽的风光。海风吹动着无数面彩旗，发出呼啦啦的声响。大西洋蔚蓝色的海水，卷起一排排雪白的浪花。海鸥在海面和沙滩上空翻飞鸣叫。白色的沙滩细软而宽阔，坐在沙滩上凝望蔚蓝色的大海和远处水天相接的海平线，以及偶尔驶过的巨轮和白帆是那么舒服。海滨路实际是一条“Boardwalk”，它傍海而建，号称“世界上最长的木板道”，有七公里长。我非常喜欢这条木板道，也非常喜欢走在这种长长的木板道上的感觉。木板道上有许多海鸥很从容地觅食。它们似乎有专人喂养。喂养人在海鸥的旁边竖着牌子，上面写着不许游人给海鸥喂食的提示语。当然，有些游人由于太喜欢那些可爱的海鸥，还是不顾当地人的提示，依然偷偷地给海鸥喂一些自己带着的零食。

走出 Boardwalk，附近就是各大酒店和赌场了。实际上，大西洋城几乎所有的酒店都有赌场。这些赌场酒店，其外观已经让人感到豪华了，而当我走进里面时，我真的感受到了那位广东籍留学生所说的“真正的金碧辉煌”。我去过许多旅游景点，但似乎还没有什么地方让我立刻想起“金碧辉煌”这个词，但大西洋城的这些赌场酒店却分明让我不能不用“金碧辉煌”这个词来形容它们。

许多赌场酒店里都挂着一些曾经赢得几万、几十万美元的著名赌徒的大幅照片，并在相片下面写明该赌徒于某年某月某日赢得了多少美元。这无疑对前来参加赌博的人是一种引诱，更加强化了他们的发财梦。虽然我并不完全怀疑这些照片所宣传的事迹的真实性，但也并不完全相信其真实性。不过，即使这些事迹都是真实的，它们对我也没有什么吸引力。要知道，每年到大西洋城来赌博的人高达几千万人，而能够赢大钱的却只有寥寥几人或几十人，比例显然是少得可怜。指望依靠赌博而发财绝不是什么正常的思想。

我参观了几家大的赌场酒店，每一家都是生意兴隆。各种形式的赌博几乎都有人参与，但参与人数最多的还是“老虎机”。这是一种自娱自乐的赌博形式，不需要他人配合，也不需要同他人竞争，只凭自己的技术和运气。我想，凡是赌博，大概主要是靠运气。不少六七十岁的老太太也很安静地坐在老虎机旁玩着。我不知道她们是输是赢，但从其安静从容的表情可以断定，她们玩的是“小本生意”，赢也赢不了多少，输也不至于怎么惨。

我在大西洋城“游荡”了整整一天，直到傍晚才乘巴士回到费城。这一天很多景物都给我留下了很深的印象，尤其是大西洋赌城的“金碧辉煌”和那条“世界上最长的木板道”，以及大西洋海面的辽阔壮观。

# 走近耶鲁

2005 年夏天，我有幸作为教育部工作小组成员参加在耶鲁大学（Yale University）举办的第二期耶鲁——中国大学领导高级研修班的活动。作为一名教师，我走出国门的机会不多，能够有机会来到美国的耶鲁大学，近观世界一流大学，可以说是实现了一个美丽而遥远的梦想。

1701 年创办的耶鲁大学，是美国最早成立的三所大学之一。300 多年来，这所常青藤高校创造了一系列美国之最：美国第一所有资格授予博士学位的大学；藏书 1 100 万册的图书馆是全美大学中最大的图书馆之一；英国艺术中心是英国本土之外最大的英国艺术收藏馆。迄今为止，有 5 位美国总统毕业于耶鲁，他们分别是霍华德、福特、大小布什和克林顿。德国前总统卡斯腾斯和墨西哥前总统塞迪略也是耶鲁的毕业生。难怪耶鲁享有“总统摇篮”的美誉！耶鲁还造就了灿若群星的各界知名人物，在政治、经济、科学、文化、法律等各个领域，都能找到毕业于耶鲁的、影响美国乃至世界历史进程的风云人物，其中包括现任副总统切尼、第一个通过民选而获得参议员席位的美国前第一夫人希拉里等。目前有近 20 位诺贝尔奖获得者和无数知名学者出自耶鲁。1789 年以来，美国内阁中 9% 的成员，10 余位美国最高法院大法官都有耶鲁的背景。耶鲁毕业生成为众多著名大学的创始人或第一任校长，如普林斯顿大学、康奈尔大学、约翰·霍普金斯大学、哥伦比亚大学、芝加哥大学等 40 多所大学，因此，耶鲁大学又有“美国学院之母”的桂冠。

# 耶鲁的历史

有趣的是，素有“美国学院之母”美称的耶鲁大学，是由哈佛大学毕业生创办的。据史料记载，17 世纪下半叶，公理派教会中的许多信徒是哈佛大学的毕业生，他们认为哈佛大学正在逐渐脱离清教徒的教义，走向学术自由化，并指责校方在办学上日益放松，要求恢复清教徒教义，但并未得到校方的理会。出于无奈，他们决定在当地建立一所“像金字塔般不朽的大学”与之抗衡。

1701 年，康涅狄格州公理派教会的牧师们，克服重重困难，说服康州法院投票赞成“特许建立教会学校法案”，使青年“可以学习艺术和科学，为教会和国家服务”。10 位受托管理学校的牧师，聚集在康州的塞布鲁克（Saybrook），立志“我为大学的创建而捐献”，从他们藏书不多的图书馆中拿出 40 本书，作为建校的资本，制订了学习计划，并推举哈佛大学的毕业生亚伯拉罕·彼埃斯做第一任校长，一所教会学校由此诞生了，它就是耶鲁的前身。

由于学校以珍贵的 40 本书起家，因此，书在师生们的眼里始终是至高无上的，书是镇校之宝。1707 年，第一批 18 名学生毕业，被授予了学士学位。在建校的初期，没有校舍，学生分散在康州的 6 个城市学习。1716 年，学校迁至纽黑文。1718 年，当时英国东印度公司高层官员艾利胡·耶鲁（Elihu Yale）先生向这所教会学校捐赠了总价值 562 英镑 12 先令的财物、417 册书以及英国乔治一世国王的字画等物品，学校就以捐赠人艾利胡·耶鲁的名字将学校命名为耶鲁学院。1846 年，耶鲁学院开始开设研究生课程，次年建成研究生院。1865 年成立了艺术学院，此后，音乐、森林、护理、戏剧、管理、建筑等学院相继成立。1887 年，耶鲁学院改称耶鲁大学。

经过一代代耶鲁人的不懈努力和奋斗，耶鲁大学终于成为可以与哈佛大学相抗衡的常青藤高校。据 2005 年的统计数据，今天的耶鲁大学，共有 12 所学院，学生 11 300 多人。其中本科生有 5 300 人左右，全部在规模最大的学院——耶鲁学院（Yale College）；文理研究生院（Graduate School of Arts & Sciences）的学生有 2 600 人左右，攻读文理硕士和博士学位；十大专业学院（Professional Schools）的建筑学院、艺术学院、神学院、法学院、管理学院、医学院、音乐学院等，共有学生 3 400 人左右。全校留学生的比例为 16%，其中音乐学院和文理研究生院的留学生比例最高，分别为 37% 和 34%。40% 的本科生获有耶鲁大学的奖、助学金（Scholarships /Grants）。作为一所私立大学，耶鲁大学由耶鲁集团管理，董事会由 18 人组成。另有 6 名学校专职人员负责日常事务。大学每年财政预算为 13 亿美元，主要来自各种基金、合约、捐赠及学生的学费和住宿费等，其中超过 1. 1 亿美元将用于学生的经济资助。

## 耶鲁精神

所谓“耶鲁精神”一直被理解为一种为争取个体的独立，为维护学术自主，追求光明与真理，即使付出代价也在所不惜的精神。右图是耶鲁大学的校徽，盾形的校徽上分别用拉丁文和英文写着校训“光明与真理”。300 年来，耶鲁大学始终坚持学术的独立性。为了维护耶鲁的独立精神，历届校长一直抵触来自政治和经济的压力。18 世纪中叶，托马斯 · 克莱普任院长期间，采取一切可能的方式对地方政府的干涉进行抵制，

耶鲁大学校徽

坚持耶鲁是私立学校，并十分强调大学的独立性。20 世纪 60 年代越战期间，美国政府规定：凡是自称以道德或宗教理由反战的学生一律不准得到奖学金的资助。而当时的校长布鲁斯特认为，耶鲁大学应该坚守学术独立的一贯作风，以申请者的成绩作为发放奖学金的唯一原则。由于耶鲁大学无视政府的规定，因此失去了来自联邦政府的一大笔资金，经济上几度陷入困境，但耶鲁始终不悔。现任校长理查德·雷文亦曾因捐款人对耶鲁所设课程及其教授聘任提出附加要求，而毫不犹豫地拒绝了 2 000 万美元的捐赠。虽然这一决断难免让耶鲁人感到遗憾，却坚持了学术的独立性，体现了不向物质利诱妥协的耶鲁传统的独立精神。正是因为耶鲁多年来坚持这个原则，才获得了今天的声誉和成就。

被人广为传颂的还有现任总统布什被邀请回母校接受一个荣誉法律博士学位时，遭到耶鲁的教授与学生公开反对的故事。2001 年 5 月 21 日，是传统的耶鲁大学的毕业典礼的日子，当校长宣布授予布什荣誉法律博士学位时，学生们报以笑声、嘘声和哨声，一些耶鲁应届毕业生还打出写着“我们赢得了自己的学位，不要使我们的学位跌价”的大横幅，他们还手持标语牌谴责布什政府在环境、死刑以及堕胎等问题上的政策。大约有 200 名耶鲁教授集体签字拒绝出席毕业典礼，认为无论是布什还是校方这样做纯粹是为了沽名钓誉，因为按照布什当年在学校的表现和成绩，他根本没有资格接受这个荣誉称号①。

被人称颂的还有一向以人文学科取胜的耶鲁精神。耶鲁大学始终强调培养学生的人文精神———种追求人生真谛的理性态度，即关怀人生价值的实现、人的自由与平等以及人与社会、自然之间的和谐等。19 世纪初，美国举国上下提出大学课程设置

---

① 林方. 布什到母校“作秀”为自己贴金，拿副总统“开涮”. 江淮晨报，2001 - 05 - 23

应该重视实用学科，课程改革的浪潮也冲击着美国的大学，也冲击着以保守著称的耶鲁，但耶鲁的反应是，1828 年，在当时校长杰里迈亚·戴的领导下，发表了著名的《耶鲁报告》。《耶鲁报告》极力肯定了以古典学科为主的人文教育的重要价值，指出“没有什么比好的理论更为实际，没有什么比人文教育更为有用……心智的训练使学生具有对社会的责任感”。该报告坚持认为对共同学科的深入广泛的研习对学生形成良好的教养大有裨益。为了坚持大学追求真理，增加知识的学术使命，耶鲁把将学生培养成为具有爱国精神、能对国家尽到责任和义务的“责任公民”作为大学道德教育的目标，把通过最丰富的思想训练、社会体验来发展学生的智慧、道德、公民责任和创造能力，使学生大有作为作为耶鲁的使命。也许我们可以说，关心社会和强调“领导者教育”的传统，就是耶鲁大学为什么盛产领导者的重要原因。

## 耶鲁 VS 哈佛

在美国数千所大学中，哈佛和耶鲁是最为著名的两所大学，它们之间的明争暗斗始终是个有趣的话题。随着岁月的流逝，耶鲁大学与哈佛大学在办学思想方面的冲突逐渐减少，但两校在一比高下的竞争中从来不曾松懈过。对每年全美高校排行榜、橄榄球比赛以及新生录取率，两校都非常关心，都希望自己的学校在激烈的竞争中获得优势。

**全美大学排名**。《美国新闻与世界报道》的全美大学排名，已经成为众人衡量大学水平的一把尺子。最让人难忘的是，1997 年，由《美国新闻与世界报道》推出了最具权威性的美国大学排行榜：耶鲁大学排在第一位，而多年来一直排在第一的哈佛大学居然落在了第三位。于是，耶鲁的学生校报《耶鲁每日新闻》

以醒目的标题刊登出引人注目的文章："《美国新闻》终于承认了明显的事实：耶鲁是第一!"然而，这还不够，耶鲁的学子在标题之后又自鸣得意地加上一笔："哈佛连第二都不是!"极具讽刺意味的是：1998 年两校的排名位置正好调了个个儿：哈佛大学重新回到第一的宝座，耶鲁大学排在了第三！哈佛的校报会报以怎样的还击呢？

**新生录取率。**从《美国新闻与世界报道》上的排名资料就知道，哈佛大学的录取率为 9%，即 100 个人申请仅有 9 个被录取；耶鲁大学为 10%，排第二；其后依次为普林斯顿大学（11%）、斯坦福大学（12%）、哥伦比亚大学（13%）、麻省理工学院（14%）、布朗大学（15%）。因此，从新生录取率来看，哈佛大学高居榜首，即要进入哈佛大学比进入其他大学更难。

最近《纽约时报》报道了经济学家的一项研究，他们对 3 200 名优秀的高中生进行调查，问他们如果被两所大学同时录取后，会选择去哪一所大学，这样以 100 个学生为单位，两个学校进行 PK（PK 有两个"渊源"：一个"渊源"是指足球里的罚点球，也就是 Penalty Kick 的缩写；另一个是指网络游戏中的玩家之间彼此对打，源于英文 Player Killing 的缩写。引意为一对一单挑，只有一个能赢），决出名校之间的胜负。结果发现，如果 100 名学生同时被这两所名校录取，哈佛和耶鲁之间的 PK 比分是 65 比 35，即同时被两校录取的 100 名学生中，65 人会选择哈佛，35 人会选择耶鲁。哈佛和麻省理工学院之间的 PK 比分则是 73 比 27，和斯坦福之间的 PK 比分也是 73 比 27，哈佛和普林斯顿的 PK 结果则是 75 比 25。耶鲁和麻省理工学院的 PK 比分是 59 比 41，和斯坦福的 PK 比分是 60 比 40，和普林斯顿的 PK 比分则是 62 比 38。这一结果证明，哈佛是绝对冠军，耶鲁稳居第二，麻省理工学院和斯坦福以毫厘之差分居第三和第四，普林斯顿仅居第五。

**橄榄球比赛**。19世纪末以来，两校之间的年度橄榄球比赛一直是两校学生的盛事，无论比赛在哪个学校举办，可容纳几万人的体育场都会座无虚席。赛场内竞争的激烈自不必说，赛场外两校叫劲的程度较场内也毫不逊色：双方的学生们，特地赶来助兴的校友们，各自举着自己的标语牌，向对手学校的学生们示威，为自己学校的球员们欢呼。在观众席上，可以看到哈佛的校友身穿“让耶鲁绝望”的T恤，为自己的母校欢呼助威；也可以听到耶鲁校友高唱“哈佛队会打到最后，但是耶鲁队会赢”的战歌。

耶鲁大学的吉祥物被称作牛头犬（Handsome Dan），这是一种凶猛的猎犬，它代表了学校的体育精神。在重大的体育比赛上，特别是一年一度的耶鲁大学和哈佛大学的橄榄球比赛上，牛头犬都会出现在赛场，为耶鲁队鼓劲加油。

橄榄球比赛的结果也会直接影响到学生的士气。据说，如果是耶鲁的校队赢了年度比赛，在这一年中耶鲁的学生都感到压在哈佛的学生的头上；反之，如果是哈佛的校队赢了年度比赛，则这一年中哈佛的学生都会得意洋洋。

耶鲁校园的一尊雕像

**偶遇趣事**。耶鲁校园有一尊人物雕像，不知是谁将印有“IYale”的T恤套在了雕塑的身上，虽有些不合常理，但流露出的是耶鲁人对耶鲁的爱戴。

有人曾在耶鲁的校园看见有学生穿着印有哈佛校名的运动衫，甚感奇怪，走近仔细一看，发现“HARVARD”大字上面还有一行小字：“I HAVE NEVER BEEN TO”（我从来没有去过），原来如此！

人们都说，哈佛和耶鲁之间的竞争是棋逢对手的公平竞争，他们都在以自己的实力证明学校的地位，同时也通过学校的品质与声誉赢得对手的敬佩。他们是真正的对手，也是真正的朋友。当“坚守学术独立的一贯作风，以申请者的成绩作为考虑奖学金的唯一原则”的耶鲁校长布鲁斯特去世以后，哈佛校长巴克在其葬礼上赞颂道：“身为耶鲁校长，他赢得了大家的尊敬，也大大地提升了耶鲁大学的学术品质和声誉；对于他在混乱的60年代，领导耶鲁渡过难关的事迹，我深感敬佩；他的领导作风和杰出表现是其他学校无可比拟的。”从这也可以看出，对手之间竞争也是提高双方水平的一种手段。所以，哈佛和耶鲁两校多年来的竞争，无形中使双方的实力和影响都得到了提升。

## 耶鲁的女生桌

值得多写一笔的还有耶鲁大学的女生桌。1892 年，第一批女博士研究生进入耶鲁大学。但在 20 世纪，在美国，女性是受歧视的性别，高等院校是属于男人的，像耶鲁、哈佛、普林斯顿等常青藤盟校都拒绝女生入学。也就是说，在耶鲁 300 年的历史中，长达 200 多年是没有女生身影的。随着女权运动在全美的兴起，从 1965 年起耶鲁大学校董会开始讨论男女同校的可能性，直到 1969 年，在学生的强烈要求下，校董会终于决定耶鲁大学正式招收女生，使耶鲁大学成为一所真正意义上的男女合校的大学。受其影响，同年哈佛大学和普林斯顿大学也开始招收女生。

雷文校长在一次演讲中曾表示：“从她们进入耶鲁大学的那一刻起，女性的影响可以说无处不在。”在耶鲁大学，男女平等的意识已经成为学生通识教育中的重要理念。

在耶鲁校园中，有一处景观异常吸引女性的目光，那就是耶鲁大学校园中著名的女生桌，那是为记录女性在耶鲁学习与工作的历史和纪念争取男女平等的艰难历程而设计的。女生桌坐落在斯特林图书馆的左前方，是墨绿色椭圆形平台碑，有一汪清水流淌在墨绿色椭圆形的大理石桌面上，大理石与水，厚重与透明，坚实与柔韧，女人如水，清澈晶莹的潺潺流水在诉说着女生在耶鲁的故事，记录着女性在耶鲁从无到有并逐年增多的历程。在墨绿色的大理石桌面上刻着一组组数字，以年代对应着女生的人数，它们呈螺旋状排列，如 1870 年：0，…… 1880 年：0，…… 1968 年：0，…… 1980 年：4147，……1995 年：5225，耶鲁大学关于女生在校生人数的记录到这里戛然而止，因为这时女生在校生人数首次超过男生的人数，这表明女生已经不再受到性别歧视，而是与男生有着平等的入学资格。

耶鲁校园的女生桌

女生桌是由华裔著名设计师、耶鲁大学的荣誉博士林璎女士（Maya Ying Lin）设计的。林璎女士 1959 年 10 月出生于美国俄亥俄州（Ohio）的小镇亚圳（Athens）。其母 Julia 是上海人，其父 Henry 是北京人，两人于 20 世纪 40 年代赴美，后任教于俄亥俄州大学。林璎女士高中毕业后进入耶鲁大学，选学众多，课外还精于摄影。大学毕业前，她选修的设计课程留了一项设计作业，题目为“纪念”，是为表彰那些越战期间死亡的将士和失踪人员而作的，也被称作“美国越战阵亡将士纪念碑”。她的设计是：两条黑色的低矮长墙，起伏组成 V 字形，上面刻有死者名字。评委用了五天时间在 1 421 份全国作品中以“简单、明了、强劲”为特点选中了她的作品，于 1981 年 5 月 6 日颁给她荣誉奖。她也因设计美国越战阵亡将士纪念碑而一举成名。林璎后来在耶鲁大学建筑研究所主修建筑，还去过哈佛大学深造。在此期间，她还参与各种设计活动。1989 年完成的阿拉巴马州（Alabama）蒙特高摩利（Montgomery）人权纪念碑，上面专门刻有美国人权运动领袖马丁·路德金的名言。

林璎女士 1993 年完成耶鲁校园内女生桌的设计，并在 1994 年耶鲁大学庆贺男女同校 25 周年的仪式上，正式将女生桌献给了她的母校——耶鲁大学。2002 年 6 月，华裔建筑师林璎女士赢得近 5 万名校友超过 80% 的选票，跻身于耶鲁大学 19 名校董行列。

## 耶鲁的中国缘

耶鲁大学，这所缔造了 300 年传奇的学术殿堂，与中国的教育交流，是其历史上最早的国际性教育交流，已有近 200 年的历史。早在 18 世纪初，耶鲁医学院的毕业生就来到广州附近行医传教。容闳于 1854 年获耶鲁大学的文学学士学位，成为中国历史上获得美国大学学位的中国第一人。自容闳始，1881 年，“中国铁路之父”詹天佑也成为耶鲁大学的毕业生。此后，经济学家和人口学家马寅初、平民教育家晏阳初等一大批近现代中国知名人士相继从耶鲁大学毕业。清华大学的最早三任校长和北京大学一位前校长都曾就读于耶鲁大学，复旦大学和上海医科大学的创始人均为耶鲁大学毕业生。1901 年，耶鲁大学成立了旨在对华传教的“耶鲁在中国（Yale in China）”，后更名为“雅礼协会（Yale－China Association）”，从事有关中国的教育事业。



目前，耶鲁拥有 11 000 多名学生和 3 000 多位教员，其中外国学生人数已占全校学生总数的 16%。耶鲁在荟萃了来自世界各国的优秀人才的同时，也将耶鲁打造成为凸显人文特色和富于亲和力的“国际社区”，使所有的教师和学生可以接触到多种多样的观点和形形色色具有不同背景、不同目标和不同价值观的人。

耶鲁大学与中国的渊源在美国所有大学中最为久远。早在 1854 年，清末著名教育家容闳就曾获耶鲁大学文学学士学位。

耶鲁图书馆正门

100 多年来，耶鲁大学的中国毕业生在一定程度上对中国乃至世界的文明进步产生了重要影响。在耶鲁 300 周年校庆的一份宣传册中有这样一段话：“200 年来，耶鲁大学一直与中国保持着友好的关系，这种深厚的感情、悠久的历史，在中美文化交往中发挥了独特的作用。由耶鲁和中国共同建立的教育事业和学术成果，发挥了巨大的作用和凝聚力，它不仅促进了耶鲁大学的全面发展，而且改变了无数校友的命运与前途。耶鲁与中国的关系，不仅是该校有史以来最早的国际性接触，而且在耶鲁大学即将跨入第四个世纪的时刻，仍然至关重要。”

值得一提的是，1878 年，容闳将自己的藏书 1 237 本捐赠给耶鲁大学，现在著名的耶鲁东亚图书馆就是在当年捐赠的基础上发展起来的。现在耶鲁东亚图书馆已经拥有中文书籍 44 万多册，是目前为止美国最完整的中文文献资源。图片所显示的就是刻有汉字的耶鲁图书馆正门。

目前，耶鲁大学与中国 16 个城市的 45 个院校、研究所、政府机构及非营利机构开展了 60 多个合作项目，耶鲁大学的每个学院在中国几乎都有重要的合作项目。在耶鲁大学校园内，中国学生也是最大的留学生群体。在过去的 20 年里，将近 4 000 名中国访问学者和学生在耶鲁大学学习，仅 2004 年就有 600 多人。以至于雷文校长不无感慨地说：“失去中国学生，耶鲁将黯然失色。”

# 心仪的哥伦比亚大学

大学是以理性为基石的精神殿堂，是探求真理的自由世界。自从有了大学以来，它一直在引领人类社会的文明与进步。其中，一流大学的作用更是不言而喻的。2004 年 10 月中旬到 11 月中旬，笔者随“高校领导海外培训项目”研修班学员赴美国哥伦比亚大学进行了为期一个月的培训学习，有幸走进这所世界名校，并且近距离地感受她的风采和魅力。

## 出身尊贵的世界名校

走进哥伦比亚大学，第一个愿望就是想了解这所名校的缘起及其发展历程。在校园一角，我看到了关于哥伦比亚大学的介绍。原来这所世界名校本来就有着高贵的血统，经过数百年的持续发展，哥伦比亚大学不仅承袭着自己所独有的优良传统，更能推陈出新，引领高等教育世界的发展大潮。据介绍，哥伦比亚大学的历史可以追溯到 1746 年，当时纽约州议会通过了一项法案，决定采用出售有奖证券的形式，集资在纽约兴办一所高等学府。1754 年首任校长约翰逊在纽约曼哈顿南部，靠近纽约现在的市政厅处选定了校址，学校定名为“纽约学院”。在建校的第一年，该校只有 8 名学生，而从校长、教授到行政主管等职务，都由英国牛津大学的神学博士塞缪尔·约翰逊一人包揽。当时的英王乔治二世为了大英帝国在殖民地培养效忠于英王的领袖人才，觉得有必要在北美本土培养“保皇派”队伍，以确保大英帝国在北美的江山不易帜换人。因此，他对于在新大陆建大学表现了浓厚的兴趣，捐款给纽约市，筹建了以人文、科学和语言为主的学院。18 世纪 50 年代，北美各殖民地开始出现比较明显的自治倾向，有的殖民地甚至流传着与君主统治大相径庭的共和主义思想。于是，与英王的愿望相反，哥伦比亚大学培养出了一些大英帝国的“掘墓人”。如美国第一任联邦最高法院首席大法官约翰·杰伊、美国第一届政府的首任财政部长亚历山大·汉密尔顿和美国宪法起草人之一的古维纳尔·莫里斯，以及美国《独立宣言》起草人之一的罗伯特·利文斯顿等都是从这所学校走出来的。

但是，哥伦比亚大学人为了表示对英王的感谢，还是将学校更名为“国王学院”。在美国独立战争时期，哥伦比亚大学毅然承担起历史使命，成为培养革命者的摇篮，有多名学生参加到争取独立的斗争中。美国独立后，为纪念发现美洲新大陆的哥伦布，改名为哥伦比亚学院。1896 年，该校第 9 位校长塞斯·劳决定将哥伦比亚校园内自 1754 年以来陆续建立起来的 8 个各自独立的学院合并成为一所完整的大学，并命名为哥伦比亚大学。1912 年，“哥伦比亚大学”这一校名经纽约市政府批准正式使用，沿用至今。迄今哥伦比亚大学依然保留了很多皇家学院的风范，并以此为骄傲，哥伦比亚大学的校徽仍是王冠。哥伦比亚大学是美国最古老的 5 所大学之一，也是久负盛名的 8 所“常青藤”大学之一。

## 得天独厚的地理位置

纽约曼哈顿岛的“晨边高地”（Morningside Heights），是哥伦比亚大学的主校区。所谓“晨边高地”，大约就是最早看到日出的地方。确实，在雄视整个曼哈顿岛的这个高地，经常可以看到鲜红的朝日从楼群中跳出来。有这样的风水，哥伦比亚大学自然中气十足。当哥伦比亚大学在 19 世纪末第三次扩校北迁至此地时，校长塞斯·劳看中了这个在当时还是一片荒地的小山丘，除了试图让学校远离纽约城的浮华喧嚣之外，还别有一番用意：美国人理想中的国家形象是山上的城（a city on a hill），而位于美国最大都市正中一座山丘上的大学（the university on a hill），正体现了那种传统的、精英主义的文化理想。"晨边高地"可以说是纽约曼哈顿岛上的一块风水宝地，她地处纽约市中心中央公园的西北角，与中城区相距60条街区。这一带地势较高，呈丘陵状，故被称为高地。

在这个"晨边高地"上，哥伦比亚大学高举着捍卫传统的旗帜，渐渐成为传统人文主义的堡垒。她承袭着传统，守护着西方传统文明。迄今为止，哥伦比亚大学仍然开设以"西方经典"为基本内容的人文学基础课程，作为无论文理学科所有本科生必修之课。虽然这些举措在当代多元主义文化政治的挑战之下引起诸多争议，但哥大依旧我行我素，继续开设这种"过于传统"的必修课程。坚持这一理念的人认为，永远让年轻人直面传统，才可以培养真正的批判精神，而脱离了传统的批判，是没有基础的激进主义。坚持这种观点的代表是强烈捍卫西方伟大传统的哥伦比亚大学教授特里林。他曾经设想过健全的人格是能够将对立面包容在自身之内的自我，这种理想导致特里林往往成为与时代精神唱对台戏的人物，特别是在20世纪60年代，特里林自觉地扮演起了美国社会中"对立自我"的角色。自那时以来，多元主义日益成为社会的主流思潮，为美国政治文化提供了无限扩展的自由空间，但像特里林这样的哥伦比亚大学教授认为，当这种自由的多元主义由于丧失"对立自我"而趋于简单化时，它就已经失去了其严肃性和健全性，成为一种失重的文化。而在特里林看来，恰恰是伟大的西方文化传统始终在强调如何去培养"对立自我"的健全人格。哥伦比亚大学至今仍旧没有背叛特里林的精神遗产。

“晨边高地”上的哥伦比亚大学，数百年经久不衰，保持着旺盛的发展势头，成为莘莘学子所仰慕的神圣殿堂，绝不止于固守传统，更在于其思想、理念、观点的先导，在于其勇于投身现实，在于对当今世界的卓越贡献。哥伦比亚大学作为“山上的大学”而具有的政治与文化抱负，使之永远不会变成真正止于传统、远离尘世的象牙塔。尽管哥伦比亚大学已经孕育出了73位诺贝尔奖得主（超过世界上其他任何一所大学），但它更加引人注目的业绩，却可能是其教员介入罗斯福新政、推动美国社会的民主改革，以及20世纪60年代哥伦比亚版的“文化革命”。它的多位著名文科教授，从杜威到特里林，再到萨伊德，都在学院以外的广泛社会空间中尽到了文化批评家或公共知识分子的职责。而由哥伦比亚大学校长每年亲手颁发的普利策奖金，也似乎总是学院与社会政治力量的融合。

人们也会注意到，纽约集世界政治、文化、经济、传播、艺术、金融中心于一身，这里不仅是联合国总部所在地，同时还有帝国大厦、美国最大的教堂——圣约翰教堂、世界金融中心——华尔街，包括大都会博物馆在内的160多家各种类型的博物馆，以及丰富多彩的各种文化艺术活动。纽约独特的政治文化地位，为哥伦比亚大学提供了了解世界、引领潮流、提升学生实践能力的难得条件。用哥伦比亚大学学生自己的话来说就是“唯一的对真实世界开窗的象牙塔”。在这里，可以亲耳听到来自全球各国政要的演讲和商界巨子的成功故事，参观大型企业，参加联合国的一些项目，甚至有机会和华尔街的银行家共进午餐，并在纽约这个全球的文化和金融中心找到发展事业的机会。闲暇时，还可以去公园、博物馆、游乐园里参观游览，或是在百老汇看表演。“哥伦比亚大学是没有边界的。”学生们骄傲地说，“我在实习的时候就参与到纽约一家公司的证券市场销售的项目中去了。在纽约实习，就业的机会真的很多，我们班75%的同学毕业后都选择了留在纽约，在华尔街上的任何一家公司，无论大小，总能找到哥伦比亚大学的毕业生。”对于哥伦比亚大学来说，地处纽约这个在全世界首屈一指的大都市，是世界上任何一所大学都无法相比的优势。



## 古朴典雅的校园建筑

哥伦比亚大学校园一角

哥伦比亚大学的校址几经变迁，随着学校的发展曾三易校址。最初是建在现在的南曼哈顿，到 19 世纪哥伦比亚学院取得了令人瞩目的发展，开设了诸如法律、工程学、药物学和人文科学等方面的新学科。进入 19 世纪之后，哥伦比亚学院不仅在上述学科方面加强发展，而且还在艺术、建筑、教育和考古等学科方面进行积极开拓。随着学院规模的不断扩大，地处曼哈顿南隅的哥伦比亚学院已感到发展空间的狭小。与此同时，纽约市在 19 世纪的迅速发展和空前繁荣，也在城市规划问题上提出了新的要求。鉴于哥伦比亚学院在曼哈顿南边的华尔街处难以扩展

"地盘"，于是，它的校址先是在19世纪中叶从华尔街迁徙至"中城区"（Midtown），后来又在19世纪末从"中城区"迁往现在的校址——"晨边高地"（Morningside Heights）。

在一个充满阳光、碧空如洗的早晨，我们踏进了哥伦比亚大学校门，漫步在哥伦比亚大学校园，仿佛置身于一个古朴端庄、气韵高雅的建筑艺术的童话世界中。

首先出现在我们眼前的是一个很大的长方形广场，门口石阶中的雕像是大学的地标。从左边的阶梯踏上，看到了那座曾被喻为美国高等学府最漂亮的建筑之一——圆顶欧陆式设计的图书馆（Low Memorial Library），目前为大学的行政中心。正对面为庞大的教学大楼，校园建筑包括古典石建筑及现代高楼大厦，错落有致。Low Memorial Library旁的St. Paul小教堂也是雅致的传统设计，深沉的石墙，不由得让人在此发思古之幽情。就连门前的一张圆石椅子，也是1911年的毕业生捐赠的，也是年代很久远的。从直升机俯瞰拍摄的校园照片上看，哥伦比亚大学整体构图有如一幅优美的图画。

哥伦比亚大学校园里是清一色的仿文艺复兴佛罗伦萨式建筑，主校园由70座大型建筑物构成，鳞次栉比，富丽堂皇。由于位于寸土寸金之地，哥伦比亚大学的校园虽然面积是常春藤盟校中最小的，而哥伦比亚大学人认为："那是欧洲希腊风格的传统建筑，每天我都要静静地在校园里散步，我喜欢那种感觉，是神圣的静谧。尤其是站在校园中央的大草坪上，当你望着四周红砖铜顶、气势磅礴的建筑，你就仿佛置身于历史的长廊，恍如隔世的沧桑之情不禁油然而生。这是曼哈顿岛上我最熟悉的地方，也是我心目中纽约城最干净、最明亮的地方。"

在横跨曼哈顿岛114街和122街之间，占地1 174亩的哥伦比亚大学校园里，70余幢希腊庙宇和罗马殿堂式建筑，威严而庄重地矗立在大街两旁。建筑物上的各种雕像和铜牌，记载着哥伦比亚大学创办的艰辛历程；同时，也向人们展示着那些曾为哥伦比亚大学发展作出过杰出贡献的人的辉煌业绩。在哥伦比亚大学的所有建筑物中，大学行政楼最具代表性。这是一座希腊式建筑，门前十根高大的大理石圆柱既给人一种坚实厚重的感觉，又让人觉得它们典雅、威严和雄伟。建筑大楼的门楣上刻着“纽约州哥伦比亚学院”和“前英皇学院”的字样，门前的数十级石阶正中，端坐着一座“母校铜像”。座位上的女神双目凝视着前方，造型威严，又充满人的情意，她张开双臂、满怀期待地欢迎前来哥伦比亚大学求学的莘莘学子。

## 引领风流的学术大师

在哥伦比亚大学学习培训的日子里，萦绕在脑海中的一个问题是：哥伦比亚大学为什么能够久盛不衰，有如此强的生命力？其根本的原因是什么？哪里是哥伦比亚大学的真正生命力所在？真正成为莘莘学子仰慕的地方，在于她云集了来自世界各地的学术精英与大师。正是这些精英与大师，吸引了来自不同国家、不同民族、不同文化背景、不同语言、不同肤色，但目标一致的学子们，走进哥伦比亚大学，以实现自己人生的理想与追求；正是这些学术精英与大师，引领哥伦比亚大学不断走向一个又一个学术巅峰；正是这些学术精英与大师，创造了哥伦比亚大学的数百载风流，并将继续着这种辉煌。

自 1901 年诺贝尔奖开始颁布以来，有 58 位曾经在哥伦比亚大学学习或工作过的学者获此殊荣。在哥伦比亚大学的教员中，有 13 位是美国国家科学奖章得主，89 位是美国艺术科学院的现任院士，42 位是美国国家科学院现任院士。美国文理研究院院士 100 人，麦克·阿瑟专家 19 人。哥伦比亚大学也被誉为培养政治、经济领袖的摇篮。迄今，哥伦比亚大学法学院已培养出了两位美国最高法院大法官——哈兰·菲斯克·斯通和查尔斯·伊万斯·修斯，两位美国总统——美国第15届总统西奥多·罗斯福和第32届总统弗兰克林·D. 罗斯福。另外，美国第34届总统德怀特·艾森豪威尔曾是哥伦比亚大学第13任校长。纽约市有14位市长，纽约州有10位州长也是哥大的毕业生。

同时，在文化艺术领域，哥伦比亚大学校友也有超凡的表现。伊萨克·阿西莫夫，是生物化学家、作家，一位撰写科幻小说和科普读物极有成就的多产作家。詹姆斯·卡格耐，是美国著名演员，1974年获美国电影学会“终身成就奖”。艾拉·格什温，是美国抒情诗人，作曲家乔治·格什温的兄弟。奥斯卡·哈默斯坦，是美国抒情诗人和音乐喜剧作家，在音乐喜剧的发展中具有影响的剧院演出人，中国观众熟悉并喜爱的音乐喜剧《音乐之声》就是他的作品之一。莉莲·海尔曼，是美国女剧作家。兰斯顿·修斯，是为黑人文学开辟现实主义道路的美国黑人诗人和作家。

可以说在各个领域中，都有哥伦比亚大学校友的身影。玛格丽特·米德，是美国女人类学家，以研究太平洋无文字民族而闻名。托马斯·默顿，是美国天主教修士、诗人、多产的著作家。I. I. 拉比，是美国物理学家，因发明用原子束和分子束磁共振法观测原子光谱（1937年），而获1944年诺贝尔物理学奖。迈克尔·I. 普平，是美国著名发明家、近代物理学家先驱。乔治·西格尔，是美国雕塑家。莱昂内尔·特里林，是美国文学评论家、教师，他的评论极富洞察力。亨利·舒尔兹，是美国计量经济学先驱。埃德加·斯诺，是美国著名记者。简·考尔，是极为成功的美国女剧作家和演员。美国心理学家桑代克、进步主义先驱柯普居、实验主义教育大师杜威都出自哥伦比亚大学教育学院。现任商学院院长格伦·哈伯德是国际知名的经济学家，拥有哈佛大学的经济学博士学位，曾任布什政府总统经济顾问委员会

(the U. S. Council of Economic Advisers) 主席、首席顾问。现为美国联邦储备局主席的最热门候选人之一，享誉盛名的股市投资奇才沃伦·巴菲特，在哥伦比亚大学就读时即师从当时在哥伦比亚商学院任教的“价值投资学派”的创始人、现代证券分析之父——本杰明·格雷厄姆(Benjamin Graham)。格雷厄姆教授被誉为“华尔街院长”，他的“商品—储备货币思想”深得凯恩斯、弗里德曼等经济学家的认同。

备受世界报界人士关注的美国新闻、文学、艺术领域的第一大奖，闻名全球的——“普利策奖”，也是由哥伦比亚大学新闻学院主持评审、颁发的。而该奖的名称就是源于美国报坛名人、哥伦比亚大学新闻学院的创办人普立兹。

## 永葆活力的学术自由

那么，哥伦比亚大学为什么能吸引、培养这么多的学术精英和领袖呢？学者们可能会找到诸多的答案，诸如经济、政治、地理环境、人文思想、办学历史等。然而蕴藏于哥伦比亚大学之精神中的崇尚自由、激扬个性的文化底蕴应该是最重要的原因之一。

为了维护大学的学术自由，摆脱来自教会、董事会、政党、国家等利益集团的干涉，美国“泛美教授学会”于1915年提出了《关于学术自由和教授任期的原则声明》。该声明中写道：“如果不在最大限度上承认和实行学术自由的原则，大学就不能履行其教学、科研和社会服务三重职能。”学术自由包括：允许学者追求学术研究而不管其将被导向何处的自由；与研究生一起探索深奥的和有争议的思想观点的自由；在校外进行有关本专业范围内话题活动的自由；就一般社会和政治问题以体面的、适于教授身份的方式发表意见的自由。同时声明还建议，为保证研究和教学的自由，在解雇和处罚大学教师之前，应由学校专业人员组成适当的公正团体进行审议，并主张教授、副教授和所有讲师以上职位的专业人员只要任职10年以上均应永远聘用。尽管“泛美教授协会”组织的声明原则得到了一些学术团体的认可，但是随着“一战”的爆发和战后经济的大萧条，学术自由再一次受到考验。如在关于战争对策的讨论中，许多倾向于德国一方的教授因政见不同而被官方解雇。20世纪30年代，一些州甚至相继颁布法律，要求教师忠诚于联邦和州宪法，导致破坏学术自由案件激增。在这种情况下，“泛美教授协会”和美国大学院校协会在1934年连续召开会议，并于1940年联合发表新的《关于学术自由和终身教职原则的声明》，重新解释学术自由问题。声明指出，普通善行依靠对真理的自由研究及对其自由的解释，因此学术自由应合此目的；而研究自由基本用于发展真知，教学方面的自由则主要用于保护教师教学的权利和学生学习的自由。声明还强调，大学和学院教师不是普通的公民，而是知识行业成员和教育机构成员，鉴于其在社会中的特殊地位和责任，他们一方面享有免于被校方审查制度和纪律约束的权利，另一方面他们应始终实事求是并维护好第一方监督——自我协调与管理，同时进行适当的自我约束和境界提升。

学术自由不仅成为美国高等教育体制的基石，而且成为为美国高等教育健康发展保驾护航的法宝。美国的学术自由包括研究自由、教学自由和学习自由，同时还包括公民的思想言论自由。哥伦比亚大学是学术自由的坚强支持者，坚持学术自由也是学校始终如一的办学理念。哥伦比亚大学的学子用自己的言论和行动对学术自由进行了淋漓尽致的诠释。在美国，流传着一个关于哥伦比亚大学的著名笑话。一个人问道：“在哥伦比亚大学需要几个学生来换灯泡?”答案是“76个”。如果一个灯泡需要换，会有50个学生举行集会要求争取不换灯泡的权利，另外25个举行反要求的集会。这尽管只是笑谈，但是说明哥伦比亚大学的校园文化，乃至在校园文化中反映出的崇尚学术自由之风，足以让哥伦比亚大学师生的个性得以张扬和飞翔。

哥伦比亚大学的校园还是学生运动的发源地。20 世纪 60 年代是美国学生运动的顶峰，而信奉自由、张扬个性的哥伦比亚大学学生，更是引领了学生运动的潮流，处于美国学生运动的前沿阵地。为了表达对越南战争和种族歧视的不满，激进的学生占领了行政楼，扣押了教务长，学生冲进了校长办公室，把信函、文件扔得满地都是，整个学校一度陷入瘫痪状态，最后在警察的帮助下，学校才恢复了正常秩序。

斗转星移，今天的哥伦比亚大学更是一派欣欣向荣的景象。学生社团的活跃还是哥伦比亚大学的一个重要特点。虽然学生不算多，但是哥伦比亚大学的学生社团数目位居全美第二，有几个社团在美国的学生中享有极高的知名度。哥伦比亚大学坐落在被称为世界上最复杂的“人种实验室”的纽约市，校园就像一个“联合国”，它的留学生人数之多居美国第三位。它的学生普遍愿意交流，又擅长语言，各个人种、各个国家的学生和平共处，友善沟通，这种兼容并蓄的国际人格被哥伦比亚大学的老师叫做“各国青年的奇妙结合”。哥伦比亚大学的校园里，思潮永远热烈地碰撞，学生说：“只要你点得出来的话题，我们都想讨论。”学术自由，使哥伦比亚大学的师生永远将自己的关注点不仅锁定在当代，更注视着未来。

# 宾夕法尼亚大学考察所见所闻所思

受教育部和国家教育行政学院的指派，2004 年 10 月 15 日至 11 月 13 日，我随中国高校领导干部赴美国宾夕法尼亚大学研修考察，我们一行 21 人，在美国进行了为期 4 周的考察活动。按照计划安排，我们在费城的宾夕法尼亚大学 3 周，随后，有 1 周时间前往旧金山走访斯坦福大学和加州大学的伯克利分校。

作为考察团领队的我，原以为回国后按要求向上级交上 4 份简报，对于本人来说这次美国之行当然就成了一段尘埃落定的往事。然而，始料不及的是，时隔两年之后，两位友人暨师长在一次席间邀我将访美期间的观感“整理出三五千闲字”，以期与其他留美同仁的大作一并向世人呈现。尊长者之命，我打开了尘封的旧事，将我当年看到的场景、听到的逸事、想到的点滴都呈献给读者，以期博得诸君茶余饭后一乐或思索。

## 精英学校与精英学生

作为中国高校领导赴美国宾夕法尼亚大学研修考察团的一员，无论是我研修过的宾夕法尼亚大学，还是走访过的斯坦福大学和加州大学伯克利分校，都给我留下了深刻的印象。由于我们在宾夕法尼亚大学 3 周，“马马虎虎”还算得上是走马观花，所以我对这所培养美国精英学生的精英学校还是很有一点观感的。不可否认，宾夕法尼亚大学之所以能够作为美国的常青藤大学，确实有其过人之处。

来到宾夕法尼亚大学后，最先令我感到出乎意料的就是我根本没有意识到自己已经来到了宾夕法尼亚大学。在国内的时候，我就知道，我们到达费城以后要入住的是喜来登酒店。至于喜来登酒店坐落在费城的何方，我并不知晓。谁知道这个喜来登酒店居然就坐落在宾夕法尼亚大学美丽的校园之中。尽管在国内的时候，大家就知道美国的大学是没有什么围墙的，但我没有料到的是，美国的大学岂止是没有什么围墙，它根本就可以定义为“城市”。准确地说，美国的大学不过是与城市其他市区难以区分的又一庞大的市区而已。至少在我们这些初到美国的外国人眼里是如此。以宾夕法尼亚大学为例，在这个各类商店林立，有着有轨电车和地铁的地界，如果没有人指点，你怎么会知道这就是一所学校呢？对于考察团中的大学校长们来说，了解这个本身就是一个“城市”的宾夕法尼亚大学，其占地究竟为多少英亩已经失去了意义，特别是当大家了解到在宾夕法尼亚大学范围内，不包括市政府设立的警察局，仅学校自己就设立了两个警察局之后，大家的感觉更是如此。

宾夕法尼亚大学不仅可以称之为一个城市，而且其来去匆匆的广大市民，即学校的广大师生也引起我们一行人的极大兴趣。在宾夕法尼亚大学学习的3周时间里，尽管我们一下课就四处游走，可是在国内校园中经常见到的那种男女生勾肩搭背的青春美景，居然在这里一次也没有见到。真的不知道我们究竟是幸运还是不幸，不过我们可以聊以快慰的是，我们毕竟可以在宾夕法尼亚大学整洁的街道上和初冬仍然绿意浓浓的草坪中，常常发现硕大的松鼠旁若无人地觅食和嬉戏，成群的鸽子在人前人后自由快乐地跳动、飞翔。

我们多次悄悄地走进宾夕法尼亚大学的课堂中拍照，可是从来就没发现课堂中的师生，对我们这些不速之客有什么反应。既没有什么白眼，也没有什么微笑。他们的教师，讲课的就是讲课，他们的学生，听课的就是听课。学生们听课都是那么认真。当然，在听课的学生中，男学生有戴帽子的，女学生有喝可乐的。可是，听课的学生中就是没有一个睡觉的，没有一个说悄悄话的，也没有一个玩电脑的。这就是我所看到的美国的精英学校与精英学生。



## 纳税人的政府

考察旧金山市政府是我们在旧金山市行程中的一项重要活动。在汽车到达旧金山市政府之前，我还在暗自称赞："接待方真有本事，居然能够打通关系，安排我们 20 多人考察大名鼎鼎的旧金山市政府。"然而，真正来到旧金山市政府之后，我才知道自己方才的想法实在是孤陋寡闻。旧金山市政府作为一个公众可以自由出入的公共场所，我们来这里参观考察，接待方根本无须打通什么关系。实际上对于任何来访者来说，只要通过安检，就可以堂而皇之地进入旧金山市政府这个金碧辉煌的大厦。

说到安检，在"9·11"事件之后才设立的旧金山市政府的安检，与美国机场那种脱鞋子、解裤带、全身运动的安检方式相比，实在是简化得多了。我们这次安检，不过是排着队慢慢地走过安检之门而已。大概旧金山市政府的警卫人员知道，恐怖分子时至今日还没有找到一个能够巧妙地把旧金山市政府大楼突然挟持到空中去砸金门大桥的好方法。否则，他们肯定会和美国机场的同事一样如临大敌的。

顺利地进入了旧金山市政府之后，接待方的陪同人员就告诉我们，包括市长办公室在内的旧金山市政府大楼内各部门的房间，我们都可以不打招呼随意出入，只要我们不去砸人家的家具即可。听到还有这等好事，我和沈阳建筑大学的吴校长在大楼的巨长的楼梯上留过影后，就直奔市长的办公室。进入市长办公室后，我发现这个市长办公室共有里外两间。每个房间大概有四五十个平方米。站在外间的我和吴校长看到市长的几个高大的保镖也在这里肃立着，一些等待市长接待的市民们静静地坐在办公室靠门的长椅上。随后，我们看见那位据说36岁就通过选举上任的漂亮市长正在里间站着与一位老年男子对话。大概过了几分钟，市长的一位保镖就轻轻地关上了通往里间的门，并向来访的市民们解释，由于市长正在与一位来访的参议员会见，所以暂时把通往里间的门关上，请大家体谅。这位保镖还说市长与参议员会见结束后，通往里间的门会重新打开的。由于时间关系，我和吴校长在市长办公室的外间全方位、多角度地拍照后，没有等到里间的门重新打开就离开了市长办公室，并与考察团的全体同志一起离开了旧金山市政府。

在返程的途中，接待方的陪同人员和我们说起了有关旧金山市政府的一些奇闻逸事。他说，你们现在看到的金碧辉煌的旧金山市政府大楼原来并没有这么漂亮。36岁的漂亮新市长上任后花了纳税人的大把大把的美元，用了相当长的时间才把这个已经破旧的政府大楼整修一新。这件事可以说在当时轰动一时，许多市民指责漂亮的新市长毫无理由、毫无意义地浪费纳税人的金钱。漂亮的新市长笑着对愤怒的市民们解释说，花钱整修政府大楼对市民来说是很有实际意义的。大家可以在周末和节假日到漂亮的政府大楼里休息、聊天，还可以举行结婚庆典。后来，还真有些市民在休息日来政府大楼里举行结婚庆典。结果，纳税的人们都很高兴。

## 职业乞讨者

一日，我们乘车游览旧金山时，远远看到走来一个举着带字的纸板的男人。大家猜测道，我们是不是有幸遭遇了请愿者。随行的接待方陪同人员告诉大家，那个男人所举的纸板上书写的字，既不是什么抗议之词，也不是什么请愿之句。那块纸板上写的是“请给我一美元”。“哦，原来是要饭的。”我不禁脱口而出。“李老师，可不能随便说人家是什么要饭的。”接待方的陪同人员笑着对我说道。接着他解释说，我们中国人所说的“要饭的”在美国必须正式地称之为职业乞讨者。因为美国是一个反对各种歧视的国家。你把人家称为“要饭的”，就是对人家所从事的职业的不尊重，或者也可以说是对人家所从事的职业的非法歧视。如果人家能够听到、听懂你方才说的汉语的意思，就可以把你告上法庭，那你是要赔偿人家损失的。

接待方陪同人员的一席话一下子提醒了我。我不由地回想起，在出国前的培训中，负责介绍美国国情的老师就曾经严肃地告诫我们，在美国必须注意使用所谓无争议的词汇。例如，绝对不能将黑人兄弟称为黑人或老黑什么的，必须将他们称为非裔美国人。想到这里，我不由得庆幸道：“还好，幸亏我不会说鬼子话，那个可爱的职业乞讨者也没法听到和听懂我的中国话。不然，我今天非栽大了不可。”话一出口，我就知道又说错了，只好解嘲道：“我怎么还在胡说八道啊。”顿时大家笑成一片。

后来，接待方的陪同人员重提“请给我一美元”的话题，又告诉我们一件匪夷所思的怪事。他说，由于美国人在消费中有刷卡的习惯。于是，一些与时俱进的职业乞讨者就怀揣着刷卡机行乞。当施舍者身无零钱或现金时，他们就掏出刷卡机请施舍者刷卡。而一旦施舍者刷卡，一美元就转入了职业乞讨者的银行账户了。为此，旧金山市政府还曾经专门提醒市民，不要在施舍时给职业乞讨者刷卡，以防止那些缺乏职业道德的不良职业乞讨者巧借刷卡之机，将多于一美元的金额骗入自己的银行账户中。

美国的职业乞讨者既有“行商”，又有“坐贾”。方才我们看到的那位仁兄可以称之为职业乞讨者中的“行商”。随之，我们又看到了一些职业乞讨者中的“坐贾”。这些职业乞讨者中的“坐贾”大都有自己的地盘。他们采取守株待兔的方式，在一些街角或路边的大块绿地中耐心地等待路人的施舍或慈善机构的救助。实际上就在我们那次参观考察旧金山市政府之后，刚好时逢中午，我们就看见一个慈善机构在市政府的广场对面的街道上，给一些职业乞讨者分发简单的午餐。我之所以说那个慈善机构分发的午餐简单，是因为其不过是一份汉堡包和一瓶罐装可乐而已。我真的很担心这点食物能否填饱那些人高马大的职业乞讨者的“将军肚”。真的，如果不是亲眼所见，我绝对不会相信旧金山的一些职业乞讨者居然比我这个公认的胖子还胖。

接待方的陪同人员适时地提醒我们，注意观察一下旧金山街头的职业乞讨者的着装。我们这才发现，这些职业乞讨者着装的方式虽然各不相同，但远远看去，他们的着装竟有似曾相识之感。接待方的陪同人员告诉我们，这些职业乞讨者着装从头到脚都是深得国人厚爱的国际大品牌——耐克。这些职业乞讨者不仅从头到脚穿着耐克，而且他们从里到外穿的都是货真价实的耐克，绝对不是什么来自地摊的假货。他还特别强调，职业乞讨者们的满身耐克是旧金山市政府通过政府采购的方式购入的，通过政府发放给职业乞讨者们。

听说职业乞讨者们浑身上下、里里外外都是货真价实的耐克，我不由得想起那几双伴随我横跨美国、正躺在酒店我的箱子里睡觉的耐克鞋了。这次来美国，在宾夕法尼亚大学培训考察期间，我除了工作需要买了一个数码相机用于记录考察活动外，所买的东西基本上就是耐克鞋了。由于我在同伴们中买的耐克鞋最多，所以大家都把我封为鞋王了。而毫无自知之明的我，因为得到了这鞋王的称号还着实臭美了几天呢。谁料到，财大气粗的旧金山市政府不仅与我一样心仪耐克的品牌，而且，对他们的职业乞讨者们更加厚爱。

另外，有报道说，洛杉矶市中心有一条“乞讨街”，那里聚集着众多的无家可归者，他们所有的家当就是缠卷在身上的一堆破布和放在身边的一个破碗。看来他们也是职业乞讨者。而在“乞讨街”的北面，就是好莱坞的星光大道，沿着大道再向北走，就是地价昂贵、明星巨贾集中居住的比弗利山庄。在那里，豪宅比比皆是，靓丽的居所在鲜花绿树的掩映下若隐若现，高级豪华轿车一辆接着一辆驶过，其中不乏加长的林肯牌名车。贫富近在咫尺，两者却相安无事。一般来说，美国人“羡富”不“仇富”，是美国一大特色。

## 美国“空姐”

一提起“空姐”，那是国人公认的美女代称。来到美国之后，我才知道空姐是美女的代称，绝不是什么放之四海而皆准的真理。至少，其在美国就肯定不是什么真理。那日，在我们被机场的安检人员无情地“运动”之后，一上飞机面对着那些啤酒桶般富态的空姐，许多酒迷、酒友想到的第一件事，大概就是如何尽快地戒酒。在从费城到旧金山那横跨美国的飞行中，由于没有高人指点，我一直纳闷的是，我所看到的美国空姐是否均是选丑比赛的获胜者。然而，我还是坚持期盼，美国其他航班的空姐还可能会有来自选美比赛的佼佼者。其实，许多中国旅客都曾想象美国航空公司的机组人员不仅应全是美国人，而且“空姐”也一定像中国空姐那样年轻漂亮，实际则不然。一位乘坐美国西北航空公司国际航班的中国乘客就有过这样的见闻：在北京飞抵日本东京的航段，他在飞机上看到的“空姐”不是美国人，全是会讲一口流利的英语和日语的亚裔人，在班机到了日本以后，由于机组人员“换防”，他才弄明白，原来她们是地地道道的中国小姐。而接替她们的“空姐”确实是美国人了，不过，她们多在40岁以上，不是什么苗条淑女，多为体态丰盈的“空嫂”，亦不乏可以称为“空奶奶”的人物。但是她们的服务态度、敬业精神、做事的干练、彼此之间配合的默契，都无可挑剔。她们娴熟的工作技能、饱满的工作热情和周到的服务态度，给乘客留下了深刻的印象。

当旧金山接待方的陪同人员告诉我，必须对那个举着纸板的男人正式地称之为职业乞讨者后，我才终于醒悟到，我所看到的美国空姐的形象，之所以能够成功地颠覆了我对空姐的原有概念，恰恰说明美国在反对包括形象歧视、体态歧视在内的各种歧视方面还是下了些工夫的。我深刻地认识到，在美国人看来，空姐无非是一个正常的社会职业而已。从事这一职业的人，只要其综合素质符合飞行工作的特殊需要，并能胜任服务于旅客的本职工作，那么，无论其形象如何均不能作为是否予以录用的标准。于是我联想到，空姐是美女的代称，之所以能够成为国人公认的真理，其是否还隐含着国人对歧视之说的几分生疏、几丝容忍或几般无奈呢？

# 世界第一大药企 Pfizer



2006年12月5日《参考消息》中有一则《中国制药业造假行为猖獗》的报道，其中提到，有一伙侵犯专利的不法之徒，“未经辉瑞公司许可就私自制造了60吨万艾可。辉瑞公司是万艾可的专利持有者”。辉瑞是美国的一家制药有限公司，是全球最大的制药企业，大名鼎鼎，其英文名称是Pfizer。Pfizer，在美国几乎无人不知，无人不晓。“辉瑞”在中国也有相当的名气。我女儿在Pfizer（辉瑞）制药有限公司美国Groton研发基地工作，引起了我对“辉瑞”的关注和兴趣。2006年夏天，我在美国期间去Pfizer参观了两次，并有机会在一些场合接触他们的许多员工，使我对这个世界顶极大企业的经营之道、自由而人性化的管理风格、Groton研发基地的工作环境和人文氛围、职工待遇和业余生活有所了解，颇有感触和感慨。

## “辉瑞”的辉煌

“辉瑞”制药公司已有150多年的发展历史。这是一家最初在美国纽约州布鲁克林创办的一个小化工公司，是最终成为世界领先制药公司的富有传奇色彩的企业。1848年，来自德国的查尔斯·辉瑞与查尔斯·厄哈特为其创始人。他们研制出青霉素，拯救了无数人的性命，使该公司的发展如日中天，其研发和生产基地遍布世界不少国家，员工数万人。位列2004年《财富》500强医药企业第一名的“辉瑞”到中国落户已有20年的历史，从大连起步，到现在在苏州、无锡等地也有了生产基地，这些基地拥有符合国际领先标准的现代化制药生产设施。“辉瑞”在中国的投资已达5亿美元，有4个达到国家标准的工厂。“辉瑞”宣称：“为人类及动物的健康发现、开发、生产和推广各种领先的处方药以及许多世界上最驰名的消费产品。我们创新的、具有高附加值的产品不但改善了世界各地患者的生活质量，而且使他们生活得更长寿、更健康和更有活力。新辉瑞公司的业务领域包括三个方面：医药保健、动物保健以及消费者保健品。公司的创新产品行销全球150多个国家和地区。”

“辉瑞”有着独特的用人之道和致力于员工发展及其福利的传统。他们意识到员工是辉瑞成功的基石，多元化的员工队伍是公司力量的源泉，并为辉瑞有着尊重员工的历史而深感自豪。老辉瑞起用了从生火的勤杂工开始辉瑞生涯的安德森全面管理“辉瑞”。安德森成了唯一个不是“辉瑞”和厄哈特家族成员的董事会成员。1914年1月29日，经董事会的选举，为辉瑞服务了41年的安德森成为当之无愧的董事长。第一次世界大战爆发后，辉瑞的许多优秀员工应征入伍。在这些员工奔赴战场之前，都得到了安德森的承诺，服役期间仍为每一个人保留着原来的工作，他们的家属照旧可以领到亲人的工资。在资本主义经济大萧条时期，辉瑞公司的销售在1931年下降了27%，净收入下降了58%。领导人埃米力挽颓势，他捐出25万美元巨资，用来维持员工每周3天的工资。虽然员工的工资降低了10%，但是没有一个人被解雇。辉瑞做到了看似无法做到的事情——咬紧牙关在没有减少任何一支生产队伍的前提下，成功地熬过了漫长的经济大萧条时期。

现在，我高兴地看到“辉瑞”不仅与我女儿的生活和发展密切相关，还与我们中国人的健康和事业密切相关。“辉瑞”的头头们富有远见地看到：中国是一个非常重要的市场，不但对辉瑞重要，而且中国在国际舞台上的角色也越来越重要，中国也在为国际经济发展作出越来越多的贡献。

作为辉瑞全球生产集团的一部分，辉瑞在中国的每个工厂都致力于生产高质量的创新药品，认真遵循“追求品质”这一重要的价值目标，使每一个产品都符合世界先进药品的质量标准。同时，不断改进和创新、努力降低生产成本、创造并保持其在本行业内最优异的环保、健康和安全方面的业绩。辉瑞在中国所取得的成就使辉瑞坚定了在中国长期发展的信心。辉瑞于 1997 年在北京成立管理中心，并相继在我国国内各大中城市建立了多个办事机构；2004 年，又在上海成立辉瑞投资有限公司暨辉瑞中国地区总部，这体现了中国在辉瑞全球战略中的重要位置。未来五年中，辉瑞计划在中国上市 15 个创新药品，是过去五年间的 3 倍，这无疑将有益于中国患者和中国社会。

## 人鸟共处的 Groton 基地

现在我女儿所在的 Pfizer 的 Groton 研发基地，主要进行新药品的科学研究和试验，仅这个基地就有员工 5 000 余人，其中有 200 多人来自中国，还有来自欧、亚、非洲其他许多国家的人士。由于人多势众，且经济实力雄厚，许多社会部门或机构都对他们另眼相看。收费的博物馆和公园（美国的大部分公园是不收费的）、移动电话公司、大的电器商店，为了吸引 Pfizer 的员工，增加商机，明确规定 Pfizer 的员工购物可以打折优惠。

我在 2006 年 7 月两次去他们的研发基地参观。花园式的厂区、气派非凡的办公大楼，真是令人赏心悦目。那不仅是一个生产和工作的地方，更是一个休闲的好去处。厂区的花园姹紫嫣红，鱼池里的金鱼自由自在，地处海滨的地理位置更平添了 Pfizer 的几分优越，海鸥也飞来筑巢做窝，“结婚”生仔。女儿办公室的窗外就有这样生动的一幕，大海鸥在那里做了窝，孵出了小海鸥。他们工作累了，就站在窗边静静地观赏小海鸥。办公楼里的设施和布置也体现了人性化：在我女儿办公区走廊一处的墙上挂着一张世界地图，地图上插了许多小红旗，红旗所指就是他们这个部门员工来自的国家和地区，看得出他们真是来自世界各地、五湖四海；走廊里放有量体重和血压的设备；专设一个房间为有烦恼的员工作“静心”之用，房间不大，里面有几个沙发，四壁无痕，清清静静的；卫生间是我所见到的最好的公共卫生间，女卫生间所备的物品对于女性来说，应有尽有；厂区里设有班车站点，整天有两路车循环不停，随时运送不想步行从这个楼到那个楼或去车库的人们。

Pfizer 尊重员工的传统在 Groton 研发基地也有具体的体现。这种传统特别表现为上级对下级的尊重和关心。女儿向我讲过这样一件事情：一次他们基地的“总头”主持召开一个座谈会，有十几个人参加，主题是：你认为在 Pfizer 工作怎样才快乐？大家都谈了各自的看法。她最后问我女儿的看法。我女儿说：“在 Pfizer 要是能有朋友就会比较快乐。”几天之后，这个头约我女儿一起吃午饭，我女儿自带午饭，她在餐厅买了一份，两个人边吃边聊。最后她问到：“你有没有什么需要帮助的？”我女儿说到了一件事情，她表示愿意尽力帮忙。

福布斯曾对富人排行榜上的老板做了一个调查，主题是：“老板主要做什么？”老板们的回答虽然具体上有些差别，但是大意相同，可归纳为三方面：建设团队、战略决策和创造良好的工作环境。辉瑞在这三方面是做得很好的。

## Pfizer 的休假

美国各大公司都有休假制度，但是具体规定各有不同。Pfizer 规定，凡是本公司的工作人员都享有每年休假的权利，并且一进入本公司，当年就享有这一权利，休假时间为 1 年 3 周；

工作满9年后，1年可休假4周；以后工作每5年增加1周。具体什么时间休假，原则上是尊重员工个人的安排。公司还给职工买一种短期病假保险，例如骨折、扭伤腰等伤病，凭医生证明可休病假，病休期间的工资由保险公司发放。女职工怀孕和生小孩涉及的有关工资的问题，也由这种“短期病假保险”来解决。该公司对女职工的产假是这样规定的：正常生产6周假；剖宫产8周假，预产前还可以休3周；如有先兆流产的证明，则按医生意见休息。以上休假期间，工资照发，属“短期病假保险”范围，全由保险公司出。产假属于职工福利待遇，美国各个公司的规定是不一样的，甚至有的公司没有产假的待遇。为了保证女职工哺乳的权利，为了方便哺乳期的女职工在上班时间不能回家给婴儿喂奶，而需要把奶抽出来暂时保存起来，下班后带回家再给婴儿吃，该公司专设房间，购置了最好的抽“母乳”设备和冰箱，应该说对女职工的关心还是很细致周到的。

Pfizer公司每年还要组织1天全体员工集体休假的娱乐活动，比如包一个游乐场，大家去玩，配偶和孩子都可以参加。一般是组织者事先把票买好，发下去，有几个孩子都可以参加，以家庭的实际人口为准。票拿到手了，本人不能去，还可以送朋友。但是，2006年9月初的集体活动改变了他们发票的办法，不是事先发票，而是事先报名登记，现场发票，可能是组织者为了节省费用，不想让Pfizer员工及其家属以外的人享受他们的待遇。这次活动，他们租了一个临湖的游乐园，可以游泳，可以划水，还有各种各样的游乐器械。人们玩得很开心。中午提供免费午餐，随便取用，食品也非常丰富，有烧烤，有凉拌菜，还有各种饮料、点心、甜食等。

## Pfizer 的球赛

Pfizer 公司为了鼓励职工积极参加体育活动，经常以比赛的形式来组织体育活动。公司负责租体育活动场地。排球和羽毛球的场地在康州学院体育馆。乒乓球的场地是一个教会的活动大厅。职工可以自愿报名参加排球、乒乓球、羽毛球等各种球类活动。为了督促大家进行体育锻炼，排球以比赛的形式进行，比赛分 A、B、C、D 四个级别，每级 8 个队，不分男女，自愿组队，进行循环赛，赛后排出名次。参加排球比赛的人比较多。我去观看过 3 次排球比赛。我女儿参加的是 C 级，她这组参赛有胜有负。一次他们队以 0: 4 输了，比较惨。不过应该说他们也打得不错，他们队的 6 人中 4 女 2 男；而对方是 6 男，人也比较高大。他们队都是中国人，对方都是美国人。不管是输还是赢，锻炼身体的目的是达到了。她还参加过州里的女子排球邀请大赛，主办方的目的是为一个残疾人协会募捐筹款。这次比赛因为她们这个级别的只报了她们一个队，故竟不战而胜了。不过，主办方安排她们与高于她们级别的队打了 8 场比赛，她们很认真，很投入，与一些队的比分相差并不太大。最后，虽然各场比赛都输了，但她们还是高高兴兴地捧回来了一个大奖杯。我还看过他们的乒乓球比赛。有一次，女儿单位的乒乓球代表队邀请 Hardford（康州首府）乒乓球俱乐部队进行比赛，双方运动员都是中国人（也足见我们国球的实力和影响），但是，对手实在太强大了，他们“全军覆没”了。

## Pfizer 人的聚会

要说“请客”，在美国很少有你请我、我请你的事，出游、吃喝时“AA”制居多，下级请上级、没钱的请有钱的，更是不可思议。上级请下级倒是比较平常。但是，有时候也有同事、朋友组织 Party，一般参加的人都自带一个菜或别的什么吃的，而尽量不使召集者破费太多，或太劳累。一般这种聚会同事的父母、妻子（或丈夫）、孩子都可以参加。

2005 年 8 月，女儿的老板（男，印度人）的老板（女，俄罗斯人）在家举行一次 Party，主题是祝贺印度老板的女儿满月和我女儿的儿子满月，有女老板的下属及下属的家属、亲人等老老少少共 20 多人出席。我随女儿参加了这次聚会。东道主、俄国女士，忙里忙外，热情地招待客人，还事先准备了两个母婴客房，以供母亲喂奶和婴儿休息。她的丈夫亲自给大家烧烤，也忙得不亦乐乎。我在中学学俄语，40 多年过去了，也还记得一言半语，兴趣使然，用俄语问候他们，聊上几句，彼此都颇感亲切。

2006 年 7 月，女儿的印度小老板为庆祝他女儿周岁也在家举行 Party，有 30 多人参加。此后不久，女儿老板的老板的老板（应该算个大老板了）在自己家召集聚会，70 多人参加。他家有个很大的游泳池，一些客人自带泳衣，带着孩子，快乐地在他家的游泳池里玩耍。聚会后大老板还在网上发表了总结，把客人们忘在他家的东西照下来，在网上公布，要求大家认领，把剩下的饼干等点心拿到办公室，号召大家继续来吃。这样的聚会，召集者还是要破费不少钱的。一般这些比较大型的聚会都会在一两个月前就正式发出邀请，把时间、地点和相关事项说清楚，以便有心参与者做好日程安排。

还有一次，是 Pfizer 的一对中国员工夫妇请客聚会，庆祝他们的新房子竣工，来的都是中国人。在美国买地盖房子是很平常的事。中国人请中国人，还是按我们中国人的“规矩”和习俗办，主人耗资不少，做了充分的准备，食品、水果非常丰盛。但是客人们大多也带了些吃的，以“锦上添花”。东道主夫妇都是在 Pfizer 工作多年的员工，收入不菲（估计两个人年收入在 15 万美元以上），三口之家，女儿快上大学了。他们的房子有 300 多平方米，装修大气讲究，家具崭新，户外有露天游泳池。建游泳池的花费还是蛮大的。应邀赴会的有 40 来人。男主人是安徽人，与我先生是老乡，我们还另约时间专程拜访了他，促膝谈心，畅所欲言，交谈了美国的教育问题，以及他们选择留在美国的考虑，等等。

Pfizer 的核心价值观中有一条是提倡“社区精神”，声称：“我们努力在所在的每一个国家及其社区发挥积极作用，使之成为更加美好的生活和工作场所，因为我们所在的国家及其社区的活力对业务长期健康地发展有着直接的影响。”我看他们不仅这样说了，也在这样做。

2006 年 3 月 17 日（星期五）下午，女儿所在的小部门组织员工集体做义工，任务是给为无家可归者准备的房子刷油漆。在下午他们干活快结束的时候，我们去现场参观了一下。地点在 Mystic Downtown。房子是当地政府提供的，虽然是所旧房子，但是很宽敞，设备齐全，估价要值 50 万美元。与一般住房的格局相仿，客厅、多个卧室和多个卫生间，上下两层，粉刷后看上去还是很讲究的。参加义工活动的有 10 多个人。劳动结束后，女儿的小老板（印度人）约同事去酒吧聊天。为了体验这里的习俗风情，在女儿的建议下，我们也参加了这次小聚会，共到场 12 人。费用是小老板付的，算是他请客了。

参与 Pfizer 员工做“义工”后的“洋聚会”，颇有所悟和感慨。聚会的那个酒吧规模不大，很清净，设备齐全，简朴可人。当时是下午 4 点多，只看到店老板夫妇两人走来走去，没有见到其他服务人员，也没有见到其他宾客。我们大家围着一个长条桌子入座，桌子很高，椅子也很高。我们在国内时曾经在上海的

"新天地"坐过类似的吧台。这不由得使我想说几句我们的上海"新天地"。

上海"新天地"地处上海市淮海中路一带，那里曾经是中国共产党"一大"的会址。在那一亩三分地上树起"新天地"的牌子，可谓思维巧妙、用心良苦。美国人本杰明·伍德为这里的重新建造立下了汗马功劳。他将上海石库门用原来的材质整修如旧，而在内部进行了现代化的改造装修，设施先进。走入"新天地"，依旧是青砖铺道，清水砖墙，乌漆大门，窄窄弄堂，仿佛时光逆流，重归故里。但石库门里 72 家房客的嘈杂已换上了优雅的音乐、舒适的中央空调。不同肤色、不同语言、不同国度的人们，相聚在这里的露天咖啡座、酒吧、餐桌，消遣、休闲、谈天、说地，一年四季座无虚席。里里外外都是人，黑压压的，那生意真叫火暴！有人这样描绘"新天地"：四周是黑夜，这里却是白昼；这本是旧时的建筑，却传来了现代摇滚的嘶喊。一张张擦肩而过的洋面孔，一个个飘摇而去的裙袂，一切仿佛都不真切，只有古老的石库门，无言地见证着上海这个城市历史与文化的斗转星移……有人这样评价上海"新天地"：年轻人说它时尚，中老年人称它怀旧，外国人认为它就是中国，中国人却感到新鲜、洋气。更有专家认为，"新天地"既给人以百年前的历史联想，延续了历史文脉，又满足了社会发展的需要，与上海的城市发展定位十分契合。但是，我真想知道这个"新天地"是不是当初出席中共"一大"的共产主义先驱们的理想和初衷。

2003 年年底，我带领国家教育行政学院高校领导干部班的学员到上海考察时，中国浦东干部管理学院（是由中共中央组织部统一筹划建立的全国三个中国高级干部培训基地之一，另外两个是中国井冈山干部管理学院和中国延安干部管理学院）的一位副院长特别对我们说，不去"新天地"就等于没有来上海。但是那里消费很高，由于事先没有这笔经费预算，我们望而却步，就作罢了。带着莫大的遗憾，我们一行20多人回了北京。

2004年9月，陪同我的美国亲家母去上海，一位友人非常热情，一定要在“新天地”宴请我们，只好客随主便，去“新天地”开眼。我们在那儿每人只吃了几片干面包、一杯饮料、一小碗汤，还有各自点的牛排什么的，5个人，就花了2 000多元钱，吃得我心惊肉跳。但使我坦然的是，她不仅够意思，而且不是用公款请客。人家说那不是吃饭，那是吃氛围。“氛围”就是无价的了。要说的是，花这么多钱，你还不是想花就能花得上的，还要排队等上一阵子。当然，这种消费相对我们一般中国人的收入，不能不说是太奢侈了。

2006年3月，在美国的“洋聚会”所用的吧台虽然与上海“新天地”的很相似，但是，那气氛和气派可就不能同日而语了，用“气氛“和”气派”这两个词来描述这次“洋聚会”简直都显得多余。老板娘端上了几盘chips、sala，然后每个人根据自己的口味各自点了饮料，有红酒、扎皮和可乐等。一个人的花费也就是十块八块的吧。而这个花费相对Pfizer员工的收入实在是很少了。

# 刍议美国大众

美国整个社会是在严密的法制框架下运行的，大多数人是安居乐业的。大多数美国人对生活讲究舒适和称心，他们追求心灵的自由和生活的自在。在美国，高薪、华屋、名车对人们的诱惑力并不大。许许多多的美国人按照自己的实际情况选择职业，选择自己的生活方式，活出了属于他们自己的那一份自信和快乐。信心乃人生之本，快乐乃人生的重要追求。在美国这片崇尚自由呼吸的土地上，最需要理解的是“尊重他人的选择”，你可以选择做一个自命清高的教授，也可以选择走进商海一显身手，你做你的博士，我当我的“蓝领”。在博士面前，“蓝领”从不会有“汗颜”之感，招摇过市的名车也不可能使一辆历经风雨的旧车愧退；不就是华屋吗？普通民居也自有它的美丽。

## 社会分层的无与有

一些美国人认为没有必要按人们的行为方式将其归类，划分成什么阶层。在美国，无论官方还是媒体都不承认美国社会存在着阶层或分层，他们从来都标榜社会成员是完全平等的，不存在谁地位高、谁地位低的问题，认为美国是一个理想的社会。其实不然，实际上人们的看法也很不同。我的一位北京大学的校友认为，社会分层是很明显的，不平等是存在的，歧视是存在的，有时这些东西是无形的，只有当你真正深入到这个社会里，才能感受得到。她已经在美国生活了 20 多年，她的父母早在 20 世纪 40 年代末期就到了美国，并且在美国的事业有很好的发展，以及有一定的社会地位和影响。我这位校友当年被留在国内，由她的姨母抚养长大。由于我们国家过去封闭的海外政策，直到 80 年代以后才有了方便的条件，她的父母一再要求她来美国发展。亲情所系，她来美国与父母团聚了。基于她的体验和观察，在美国社会中存在着不同的阶层，存在着各阶层在富裕程度、社会地位和权利等方面的不平等。在中国有房有车的小康生活，在美国是属于大多数人的基本生活，想过这样的生活不存在特别激烈的竞争，但是要想不受歧视地进入上层社会却非常难。不少从中国到美国去发展的文人、学者都有这种难言的感受。一般来说，生活在比较底层的，大都比较满意，而生活在中上层的，则有许多不满意。有旅居美国的中国人士明确地说，“美国是一个等级很分明的社会”。

耶鲁大学博士、从事社会学研究和教学工作的女教授汤普森对此也毫不讳言，她认为，美国社会存在上、中、下三个阶层，每个阶层还可以细分为不同的人群。汤普森认为，美国的上层分为两个部分：最上层是那些古老的有钱的显赫的家族，他们从工业革命时代起就开始积累财富，比如洛克·菲勒家族等。他们有自己的俱乐部，有自己的学校，有自己的人际圈子，是极少数富人的圈子，是他人无法进入的圈子。他们就是一个富人的小社会。上层的第二等包括两类人，即一类是一些很有钱的电影明星、摇滚歌星、各类球星，他们各个腰缠万贯，但是社会地位不确定，也谈不上有什么社会影响；另一类是跨国公司的总裁，他们也很富，手中掌握很大的权力，可以决定许多人的就业问题以及一些人的前途、命运，他们的行为会产生很大的社会影响，其社会地位是在中产阶级以上。社会上层的全部人口仅占美国总人口的 2%。

美国的社会中层就是指所谓的中产阶级。中层又分为三等：第一等的有律师、医生、著名大学的教授和科学家，年收入约在 10 万美金以上，加上配偶的收入，一个家庭 1 年的收入在 15 万美金以上，属于中上层家庭，这部分人占美国人口的15%；中层的第二等，主要是通常说的“白领”阶层，他们掌握着技术，从事着创造性劳动，年收入约在10万美元以下；中层的第三等，是指工人阶层，以前称之为“蓝领”，主要从事体力劳动，但是随着机械化程度的提高，他们中的许多人也都走进了办公室，似乎成了“白领”，但其实质并未改变，主要是由于他们所从事的工作是简单劳动，是重复性的工作，不需要多少智慧。

美国社会的下层，即社会的最底层，就是社会的穷人阶层。他们所受的教育很少，没有工作技能，没有稳定的工作，没有稳定的收入，失业的时候就要去领政府的救济金。这部分人占美国人口的15%，是个不小的数目。①

美国的莱杰·布罗斯纳安则认为，对美国社会阶层最合适的划分，应该是按“二等阶层”的模式划分为贵族和平民。按照“二等阶层”的模式，还可以有其他类似的划分，如官与兵，有教养的与无教养的，有声望的与无声望的，等等。而这种划分方法在美国不使人有陌生感，“因为美国被认为是一个神话般的无阶级国家，并且95%的人愿意把自己看成是中产阶级。事实上，中产阶级只占美国人口的75%；名门望族或贵族群体从来不超过15%，比例或许还要更低些；其中最顶层的人士最多达3%，中上等人群的人数约占12%，中下等人群的人数约占60%，社会下层的人数约占25%”。② 莱杰·布罗斯纳安与汤普森的看法大同小异。莱杰·布罗斯纳安认为，“顶层阶层”拥有这个国家，但他们不能管理国家，因为他们人数太少、太独特，不许他人融入，是其他人经过努力也难以进入的阶层。事实上，这一阶层的人是绝对出生于这一阶层的，而且他们的祖父母和父

① 陈国庆．美国社会状况与社会分层．文化百花园，2006（3）
② ［美］莱杰·布罗斯纳安．阶层．浩然选摘．出版参考，2006

母都十分富有，是受过教育的。中上等阶层不拥有这个国家，但却管理着这个国家。中上等阶层这个群体是人们通过个人努力可以进入的社会阶层。这一阶层的人，或是就出生在这一阶层，或是通过努力奋斗挤进来的。美国社会阶层的变动主要表现在向这一层次的流动。美国社会的主流是中产阶级，约占人口的2/3强，家庭年收入在5万至15万美元。他们是左右美国社会的重要因素和力量。我国改革开放以来赴美国留学和工作10年以上的人，多数属于这一阶层。这些人一般都有自己的房子、汽车，生活的质量也比较高。但是，最近几年美国经济滑坡，就业率低，许多中产阶级生活压力增大，心态紧张，因为担心失业的危险。一旦失业，房贷无着落，房屋就会被强制拍卖。一夜之间可能变得无家可归，所以工作不能有丝毫懈怠。对工作一丝不苟、尽职尽责，也是美国人的特点。他们说，买了房子以后，每月的开销至少要5 000美元，其中还房贷1 500美元、地税500美元、吃穿用花销1 000美元。所以，每个月的开支都要精打细算。

无家可归者是社会最底层的穷人。这在美国社会也是个富有挑战性的问题。何为无家可归者？也有一些专家学者在研究，认为给出一个准确的定义并非易事。国家发展程度不同，定义的范围也有很大不同。一般说来，无家可归者没有属于自己的住房或无力单独租住住房，包括住在公共福利旅馆或慈善机构的人，暂住亲戚朋友家的人，因生病或遗弃住在收留所的孩子，露宿公园、街头、车站、码头等地的人。近10年来，美国公众对无家可归者的关心程度有所增加，1995年民意测验显示，86%的美国人同情无家可归者；33%的人认为，他们对无家可归者的同情和关心超过5年前；17%的美国人，主要是妇女和青年人，认为自己将来也可能变成无家可归者。人们看到20年来，美国出现了大量的无家可归者。1980年，美国无家可归研究协会估计，该年无家可归者人数有200万~300万；1984年住房和都市发展部估计该年1个晚上的无家可归者有25万~35万；1987年，都市发展部估计该年1个星期无家可归者有50万~60万，1年有140万~180万；1990年，普查局无家可归研究部估计该年1个晚上无家可归者有46万以上，1个星期有84.2万，1年有230万~350万。[①]

美国是一个复杂的多面的社会，有世界上最富有的人，也有很穷的人；有芸芸众生，也有诡计多端的政客。克林顿在总统就职演说中就说道：作为美国政治中心的首都华盛顿，是个搬弄是非、尔虞我诈、炮制阴谋、钩心斗角的地方。达官贵人争风吃醋，玩弄权术，无休止地为谁升谁降、谁进谁出而忧心忡忡，而忘记了那些辛勤工作、用汗水将政客送上高位的百姓。[②] 另外，美国是个移民国家，主流社会还是以白人为主体。但还有一个十分明显的事实是，白人住在白人区，黑人住在黑人区，华人住在华人区，华人又分香港华人、台湾华人和大陆华人等不同的圈子。华人中的三六九等是与有钱、无钱和钱的多少有直接关系的。富人住的地方，穷人是住不上的；富人的圈子，穷人是挤不进去的。小布什总统在就职演说中承认：当大部分人富有发达时，另一些人甚至怀疑我国的正义，有些美国人由于出身贫穷、受歧视、失学，不能实现梦想，有时我们的差距如此之大，好像即使同住美国，也没有同住在一个地球上。

## 百姓的务实与自信

一般美国人实际上都比较单纯、务实，讲信用，崇尚过简朴而知足常乐的生活。美国社会法制健全，生活方式和人际关系都

---

① 胡桂华. 美国无家可归问题研究. 西北人口，2006（4）

② 张碧竹. 美国总统就职演说与美国式民主. 国际关系学院学报，2006（3）

十分简单，加上慈善救济也比较及时，一般人不需要在生存方面动什么脑筋。所以，大多数人也就显得比较平庸。美国好些青年高中毕业后并不去念大学，就混在社会的群体中，随便找个什么工作干就行了。在美国大学毕业后，找到一份工作年薪至少3万美元，专业好的可以达到六七万美元。但是，有的大学生读了1年就不读了；有的剩1年就毕业了，也不读了。他们的自由和自信是因为美国的制度给了他们选择的空间。大学终身保留学生的学籍，离开学校以后，又随时可以回到学校继续学习，完成他的学业。大学对于他们来说不是独木桥，道路很宽广，出口和入口也很多，他们可以来回地走。

有个维修计算机系统的技工，大学毕业，工作10年了。有一位中国人劝他："你为什么不去微软工作呢？几年下来在股票上就发了。"他说："我不喜欢微软，这儿挺好。"后来这位中国人发现他有一张合影照片，是他和他的姐姐、姐夫及比尔·盖茨四人的合影。他姐姐曾经是早年跟比尔·盖茨一起打下微软天下的功臣，现担任微软的副总裁，已有亿万身价了。不少人都知道他的这个背景，却没有人跟他套近乎，大家把他支来支去。他也不求致富，只求一种淡泊的生活。而比尔·盖茨想参加哈佛的同班同学聚会，却被有些同学拒绝了。为什么呢？因为盖茨只读了一年就中途退学了，跟同学们没多大感情。看来这些哈佛毕业的学生不以有一个"大款"朋友为荣，不想向金钱顶礼膜拜。在美国，很多博士找工作，首选是做教授。做教授比去公司的收入低多了，而且会更辛苦，但是他们就是愿意做教授，因为做教授有更多的学术自由和时间自由。

在美国人看来，幸福是不分贫富的，自信是不依赖于他人的。有一位中国学者，得到了一个大学的教授职位，从麻省到加州赴任，到加州后先租下了一处公寓暂时落脚。隔壁邻居是一个美籍墨西哥人，每天彼此见面都打个招呼。聊天时"老墨"底气十足，虽然他没有什么文化，但谈吐却相当自得和自信。大教授以为“老墨”谈笑风生，想必是生意上的有成之辈。结果不然，这位“老墨”没有工作，全靠五个小孩的政府补助过活，每个孩子每个月几百元钱，还有食品券。“老墨”就这么过着，不着急，不上火。这位大教授颇有感慨地说：“恐怕克林顿总统来了，这老墨也不会腿软。”

在美国，工作的流动性比我国大得多。美国人一生中平均要搬 14 次家，全国每年有 20% 的人口流动和搬迁。[①] 有不少美国人不满意自己现有的职业，骑驴找马的人不在少数。一般来说，他们总还是能够找到马的。但是换工作太频繁对自己也不利，会影响退休待遇。特别是在大企业的工作人员，如果在那里工作年限长，退休后会得到更为优厚的退休补贴，所以有了不错的工作单位，人们也就不轻易“跳槽”了。美国有一些女性，有很高的学历，也有能力，但是满足于在家“相夫教子”，以丈夫的快乐为快乐。而且在美国，妻子在外打工，丈夫在家闲着，也是很常见的。大男人被小女人养着，他们也不以为然。

在美国，中低档收入的家庭购买二手家具也是平常事。所以，Yard Sale（庭院贸易）在美国很有市场，有的是一家单独举办，有的是临近的几家联合举办，把自己家的旧物旧货摆在家门口或路边进行销售，出售的物品大到沙发、柜橱，小到儿童玩具、首饰，还有各种日用品。在富裕小区的富裕人家的 Yard Sale 上，出售的东西一般有八成新，要价很便宜，与白送差不多。Yard Sale 都是周末交易，经常可以在路边看到小广告，告知 Yard Sale 的具体时间和地点，有的则在网上发布消息，所以想买旧物，可以上网查看信息。甚至有时候旧家具不需要买，

---

① 孙建荣，冯建华．憧憬与迷惑的事业．北京：中国社会科学出版社，2000．142

"捡"就可以了。一位旅美学者写过一篇小文《在美国"捡"家具》，大意是：一位美国男士杰克贴出了告示，说要处理一批旧家具，如有需要者请与他联系，将免费赠送。这位中国老兄初到美国，囊中羞涩，无财力买新家具，就主动与杰克联系了。杰克让他立即去取。他高兴地很快到了杰克家，一看家具更是高兴，因为家具并非他想象的那么破旧，甚至有八成新，样式也不错，包括床、衣柜、餐桌、椅子，都是免费赠送。然后，杰克还要让他把梳妆台、电视柜、沙发和酒柜也都拿走。他说："对不起，我的房子很小，实在放不下。"当他要离开的时候，杰克说："年轻人，如果你愿意把剩下的家具帮我弄走，我给你 100 美元，行吗？"当然他欣然答应了，把杰克的家具用推车弄到了出租屋，累得满头大汗，气喘吁吁。后来，他知道在美国乱扔家具是要罚款的，有时还罚得很重。居民要处理旧家具，必须自己用车把东西送到专门的垃圾处理厂，还要交垃圾处理费、环保费，并且数额还不小。看来送旧家具并非完全是出于乐善好施，首先是与己方便，同时也是与人方便。在美国，好事是这样做的。

旅游度假是美国人娱乐、放松和改变生活环境及一家人团聚、加强沟通、增进了解和感情的好机会，旅游是他们生活日程中不可或缺的内容。普通人家，一家人每年也要出去度假一到两次，到海边或者什么游乐场所，玩上一周或稍长一些时间。美国的大城市是人们旅游的去处之一。一年四季，曼哈顿的街上和酒店总是游人满满的，他们到这里观摩天大楼，看博物馆，赏艺术画廊，到歌剧院听戏。华盛顿、洛杉矶、旧金山、新奥尔良也是游人们厚爱的城市。每年春季的华盛顿樱花节，游人如织。而好莱坞和迪斯尼乐园都在洛杉矶，使这座城市更具魅力和诱惑。旧金山是美国西海岸的最大港口城市，它以金门大桥、缆车、海鲜和美景而声名远播。新奥尔良也有其独特的魅力，在那里可以领略到古老的欧洲风情。近年来，野外宿营成为一种时尚。人们到落基山脉的山谷里觅一处宁静之所，安营扎寨；有人雇上一匹马，沿着山里的河流骑马或远足。这种富有挑战性的野外运动成为美国人喜爱和钟情的户外运动之一。暑假出行是美国的一个传统，因为7月到8月大多数孩子都放假不上学了。有些家庭也会安排短期的冬季度假，多半在圣诞节的前后。冬季旅游，北部各州成为人们的青睐之地，主要是参与冰雪运动，如滑冰、滑雪和雪橇运动。去国外旅游对大多数美国人来说也是很容易的事情，他们办理护照的手续很简单，到许多国家都不用办签证，到加拿大仅凭驾驶证就可以自由出入。所以，每年都有数百万的美国人去加拿大、墨西哥或欧洲各国旅游。

## 守规矩与讲信用

美国是一个标榜自由的社会，但又是一个有着诸多制约和有序的社会。在美国，事事有规则，你得处处守规矩。联邦法和地方法累计有上百万份，每年还增订1万多页新的法律法规。从我接触到的美国人来看，他们都很自觉地守规矩，守法和讲信用，使我感觉到美国人普遍素质比较高。

2006年7月下旬，我的一位大学校友和她丈夫专程从芝加哥到康州来看我们，并陪我们旅游。他们事先订好了下榻的酒店。她丈夫Larry是个地道的美国人，大学教授。他们乘飞机抵达康州首府Hardford以后，立即租了一辆车，开车到我女儿家来看我们，一起商量4天的活动安排，当天下午就开始了游览活动，并由我的女婿陪同，开的就是他们租的车。我考虑到他们又乘飞机，又开车，会很辛苦，就提出由我女婿开车。他们三个人异口同声地说："不可以。"我问："为什么？有什么不可以？"我的校友说："租车合同上签的是Larry的名字，车就只能由他开，否则就是违约。"在以后的几天里，我们出行，无论多远，无论多辛苦，全是Larry一个人开车。我曾对我的校友说："你换他开一会儿不好吗?"她说："不行。因为租车签约时签的是一个人开，而不是两个人换着开。"我问："为什么不签两个人的名字呢?"她说："租车的费用不同，签两个人开车，费用要高不少。"我说："你们真是讲信用、守规矩呀!"她说："不守规矩不行啊，如果发生意外，后果要自负的。就是说，如果发生交通事故，签字人开车，所有的费用都由保险公司承担，不是签字人开车，保险公司不负任何责任。所以，租车人一般都会守约，而不存侥幸心理。"看来，他们守规矩也不完全是出于自觉，而是后面有严密的机制制约着。不仅是出了问题要自己承担经济损失，而且个人的信用指数会下降，以至于引起一系列不利于个人的麻烦。

美国人有超前消费的传统，不重视储蓄。从19世纪中叶开始，美国就以分期付款的形式销售钢琴、缝纫机等商品；从1910年起，开始分期付款销售汽车，加速了消费信贷的发展。但是在20世纪的前半叶，美国没有信用分数和信用报告一说。那时，能否得到贷款取决于贷款人对申请人的主观感觉。后来，也就是1956年，有两个人，即数学家费尔（William Fair）和电气工程师艾萨克（Earl Isaac）看出了市场需求，发明出一套信用评分体系，即后来的费寇分数（fico score）。该分数从最低的300到最高的850。该分数的最大用处是它能够预测人的未来偿付行为，为消费者信用行业提供了一个有效的预测工具。从此，美国的贷款体系和审批程序发生根本变化。费寇分数自发明以来获得广泛的运用。使用者包括信用卡公司、零售商、商业贷款者、保险公司和电信服务提供商。而到目前，信贷消费已经成为美国人的基本消费方式。据统计，美国已经连续几年出现居民零储蓄现象，消费需求成了拉动美国经济的决定性力量。

对大部分美国人来说，讲信用已经成为习惯，这种好的习惯也源于“信用分数”和“信用报告”的约束。“信用分数”高的人可以获得低息贷款；“信用分数”低者，贷款要付高息，甚至难以得到贷款。在美国，“信用”是作为商品在市场上生产与销售的，把与“信用”有关的信息加工成信用产品，卖给需求者，就会使正面信用的积累成为推动信用交易的动力，而负面信用信息的传播，也会成为约束失信者的震慑力。可见，“信用”是市场经济运行机制的重要组成部分。美国有三大信用评分公司，它们是伊夸费克斯公司（Equifax inc.）、经历者公司（Experian）和超级联盟（Trans Union）。目前，美国居民每年都可以免费索取一份关于自己的信用报告。因此，专家建议，每人每年都应当检查自己的信用情况。如果发现有误，就应当立刻和相关部门联系，争取尽早改正过来。信用分数的重要性不言而喻。提高信用分数就相当于省钱。为了获得低息贷款，申请人就要及早开始准备，把信用分数提上去。实际上，只要按照规则操作，提高信用分数并不是件难事。美国的个人和公司都有信用报告。也有人认为信用分数不是完全合理的，但是目前很难改变这种方式。

在美国的信用制度中，对失信者的惩戒是其重要组成部分。失信惩戒机制主要围绕三方面发挥作用：一是把交易双方失信者或经济生活中发生的失信行为，扩大为失信方与全社会的矛盾。对失信行为的惩罚，不需要对失信者进行任何思想道德教育，法律支持信用服务公司向交易的当事人双方、授信人、雇主和政府机构有偿提供信用调查报告，让失信记录方便地在全社会传播，把失信者对交易对方的失信转化为对全社会的失信。而且失信行为记录依照法律要保留多年，使失信者在一定期限内付出惨痛的代价，比如，破产记录要保留7~10年，在此期间，当事人不可能得到新的贷款。二是对失信者进行经济处罚和劳动处罚。对各类失信行为的经济处罚和劳动处罚都有明确的规定。三是司法配合。对严重失信行为能根据相应的法律进行量裁，给触犯法律的失信者留下坐牢的终生记忆。而且，美国还设立了少年法庭，对少年失信行为也进行司法处理，使孩子们从小就明白，有失信行为就会付出代价。

在美国，诚实守信很被看重，但这绝不仅限于道德层面的提倡和一些人的自觉，而是有制约机制来保证的。美国安全部门给每个美国人都设了一个终身不变的社会安全号码，利用社会安全号码可以查到每个人过去的一切记录，包括工作记录、纳税记录、存贷款信用记录、志愿服务记录、劳保救济记录、退休费发放记录、犯罪记录（包括交通肇事记录）、出入境记录等，可以说无所不包，个人的一切行为都与这个安全号码相联系。一旦有不良信用记录，个人求职、创业、贷款、消费等各种活动都寸步难行。因此，一般来说，美国人都很守规矩，很珍惜自己的信用。

## 胖人与“胖人产业”

在美国，“肥胖人群”及精明的商家是很受人关注的。目前，美国的肥胖人口有6 000万，而1980年是2 300万，就在这20多年的时间里，肥胖人口翻了一倍多。有专家预测，到2013年，肥胖人口将达到8 800万。有研究者发现，肥胖率增长最为迅速的人群是年收入在6万美元甚至收入更高的都市人。这不是一个令人愉快的消息，但是它是个客观趋势和事实。这一人群既有其特殊的生活需要，又有相当的购买能力。满足他们的需要是商家的责任，也是商家的机遇。

2004年，美国人喝掉的瓶装水人均超过105升，大约是1980年的10倍，消耗掉的高果糖的玉米糖浆是1980年的2倍以上。美国人承认他们仍然是这个地球上最胖的居民，虽然墨西哥人、澳大利亚人、希腊人、新西兰人和英国人也不比美国人瘦多少。当今美国人的生活特点是：更胖更高更能喝。目前，在美国，减肥产业的年产值已经达到4 900 亿美元，这是不可阻挡的肥胖大潮在商业领域的直接后果。而越来越多的商人发现，不只是从事减肥业可以赚到大把的钞票，迎合胖人的需要也可以做很多事情。于是，超长超宽的汽车安全带、超大服装和衣服架、超大号的雨伞，还有医院里专为肥胖患者设计的轮椅、超宽的绑带和血压仪等用品应运而生。据说，有精明的商家甚至为胖人的“后事”都做了安排，生产宽大而舒适的棺材。

那些前500强的大企业绝不会放过这样的商机，小企业的经营者们也跃跃欲试，千方百计地试图挤进这个可以发大财的产业之列。有一位叫巴里的人，自己就是一个肥胖者，他在乘飞机的时候遇到了飞机不能按时起飞的问题，原因是他们几位体格过于魁梧的乘客的安全带出了麻烦，安全带的尺寸对他们不适用。后来，一位空乘人员想到应该用“安全带延伸器”。但是飞机上没有那么多，如果找不到那么多，就只好让他们下飞机了。几经周折，终于找到了几条备用的安全带延伸器，度过了危机。

为了以后在旅途中不再发生类似的尴尬，巴里决定自己买一个安全带延伸器，随身携带。他尝试了各种途径，查找网络、销售目录、旅行杂志，甚至私人机场，一无所获，真可谓“踏破铁鞋无觅处”。看来这一商品在全国的零售市场上都是短缺的。经过这一番“市场调查”，对巴里来说意味着拥有了一个意想不到的商机，于是他开始了自己的商业行动。他首先与那些为航空公司生产普通安全带的厂商联系，定做安全带延伸器，然后注册了一个网址，作为安全带延伸器展示、订货、交易和支付的平台。很快他就卖出去了1 万多条，价格为1 条60 ~70 美元。后来他又注册另外一些网址，销售各种针对“大块头”顾客的家居用品，都是市场上难以买到的东西，既方便了胖人，他自己也赚了大钱。他的销售额很快就达到了100万美元以上。有人开他的玩笑说："每天，你需要做的事情，就是看着周围的胖子越来越多，越来越胖。"①

现在我们忧虑的是，美式肥胖危机正在逼近中国儿童。卫生部的最新数据显示，与30年前相比，中国6岁城市男孩体重增长了6.6磅（1磅约合0.45公斤），有专家说，中国"已经进入肥胖时代，其发展速度令人震惊"。北京和上海的6岁儿童的平均体重已经接近47磅，而美国的同龄儿童平均体重才刚刚超过50磅，身高与中国儿童相同。卫生部妇幼保健与社区卫生司司长杨青说，中国肥胖儿童的"增速大大超过了西方发达国家的增长势头"。据教育部的数据显示，目前在10~12岁的中国城市儿童中，肥胖儿童占8%，还有15%的儿童超重。而美国2006年的有关报告显示，他们有18.8%的6~11岁儿童超重，但是人家没有出现肥胖儿童激增的情况。② 这不能不引起我们的注意和重视，我们的家庭生活方式，我们的学校教育活动安排，都需要反思，需要调整和改进。

## 美国的志愿者

美国建国不过200多年，美国的志愿者组织就有100多年的历史。早在1896年，马萨诸塞州就成立了志愿者组织，宗旨是"到最需要我们的地方去，做任何需要我们做的事"。100多年来，这种精神一直激励着其成员涉足社会服务的方方面面，如提供社区服务、捐献钱物、保护生态环境、做义工等。在各种博物馆、图书馆、社区活动中心，有许多做义工的志愿者，在一些学

① 美国"胖子产业"正当时. 孙冰编译. 原载美国经济杂志·商业2.0，2006

② 美式肥胖危机逼近中国儿童. 参考消息，2007-01-11

校的客座教师中，也大多是义工。讲奉献不求回报，是他们的一种文化传统。说到志愿者占总人口的比例和慈善捐赠的规模，美国也是世界上独一无二的国家。13 岁以上人口中的一半，每周平均志愿服务 4 个小时；75% 的美国人向慈善事业捐赠，每个家庭每年平均约 1 千多美元。现在，50% 的美国人都是积极志愿者，达到上亿人之巨。有美国人说，"志愿者的影响覆盖了从社区到臭氧层以至宇宙空间的各方各面"。每 4 个美国公民中就有 3 个是慈善事业的定期捐助者，将近 90% 的捐款来源于此。基金会和商业公司的捐款仅占捐款总额的 10% 。各种收入层的人都参与其中，较低收入者的捐款往往更为慷慨。

一项调查显示，美国志愿者人数再创新高。美国投身于教育、美化社区及救灾活动的志愿者越来越多，特别是参与志愿者行列的青少年越来越多。美国国民社区服务队有一份报告，对 1974 年以来的志愿者比率进行了跟踪调查，发现目前 27% 的美国成年人将一定时间用在社区服务上，与 1989 年的 20. 4% 相比有很大提高。其中，16 岁到 19 岁的青少年志愿者增幅最大，从 1989 年的 13. 4% 增加到现在的 28. 4% 。中年（45 ~ 64 岁）和老年（65 岁以上）的志愿者比率也很高，分别为 30% 和 23. 5% 。

美国国民社区服务队致力于推动志愿活动，并将青年志愿者的增多归功于大中学校开展的服务培训项目的增加，这种项目把课堂教学与社区工作融为一体。美国国民社区服务队研究和政策发展部主任伯特 · 格里姆说，在应对像"9 · 11"这样的灾难时，人们的利他精神有所加强，这也是志愿者增多的原因。调查还发现，在成年志愿者中，通过宗教机构提供服务的人占 35. 5% ，要多于教育等其他组织提供服务的人。年龄较大的人一般提供的服务时间更长，每年可以达到 100 小时，或者更多一些，而大多数青少年的服务时间要少一些。①

美国人乐于捐赠、热衷于做志愿者并不仅仅因为美国经济繁荣、物质富裕，而是有其文化渊源和社会制度体系的支持。比如，美国政府鼓励商家和个人向公益事业捐赠，而在法律上规定：重征遗产税、征收消费税，而捐赠可以抵税，等等。中学生要做义工，这是升大学的要求。杰出的志愿者还会得到政府的表彰和奖励。另外，宗教信仰的教化，也砥砺人们同情弱者，关爱他人，做善事。

## 美国人怎么个“穷”法

刚来美国的中国人会感到，美国人的手头之紧好像超过中国人。看花钱的做派，似乎比中国人还穷许多。其实，我们见到的那些人都属于美国的中产阶级，年薪一般都在五六万美元以上。我女儿的年薪就不低，但是去购物的时候，选择商品也极其有耐心和仔细，同类商品的价格比来比去，每次购物之后都会说到这次省了多少钱什么的。她挣美元，我挣人民币，两者就是以绝对值相比较，她挣的也比我多得多，但是我花起钱来要比她快得多。10 年美国路，她改变了许多。一位朋友谈到了他的美国朋友的情况。那位美国朋友，父亲是一个顶尖名校的校长，年薪 50 多万美元。她姐妹两人，都在常青藤学校受教，她自己刚刚拿到博士学位，丈夫（一位著名物理学家之子）也开始在耶鲁大学教书了。可是她的“穷相”，却常常令我们这些中国人吃惊。一次，她和她丈夫开车带我们这对中国夫妇出去吃晚饭。回来的路上，她突然问是否介意绕一下，去给她即将出生的孩子买几件衣服。她此时怀的是第一个孩子。但出人意料的是，她竟开

① 美国志愿者人数创新高. 参考消息，2006 - 12 - 05

到一家旧货店，买了几件别人婴儿穿过的旧衣服。路上还一个劲地说，小孩的衣服太贵了，实在买不起，等等。其实，平时在一些朋友和熟人之间互送小孩旧衣服是很常见的。在耶鲁大学，像她这样节俭的还大有人在。耶鲁之富，在美国是出名的，他们能把一个学生餐厅装修得像个宫殿。耶鲁是美国传统的贵族学校，富裕家庭对耶鲁这种精英学校的垄断，现在比布什上学时还要严重。不过，在耶鲁周围的街头，你还是可以看到：一个已被扔到垃圾箱里的旧床垫，会被学生高高兴兴地拿走。在耶鲁，学生买旧东西是很常见和很普遍的行为。

在美国，即使是富裕家庭，也非常注意让孩子吃苦、自立，甚至有些富人会有这样的想法：让自己的孩子从小养尊处优，等于剥夺了他们锻炼自己、面对现实的机会，并不能使他们真正地领略人生，其实，这样做对孩子不公平，不好。因此，美国孩子从小就为挣零花钱而打工，是最正常不过的事。美国年轻人哭起穷来，也从不像许多中国人那样遮遮掩掩。那位作为大学校长女儿的美国朋友，她父母把自己用旧了的一辆车不是送给她，而是以优惠的价格卖给她。那车也就值几千块钱。

当然，在美国照样有许多富贵的败家子弟，但主流社会的价值观却是：不管你是谁，要想拿到钱，要想出风头，必须付出艰辛的努力，必须证明自己的能力！美国女国务卿赖斯，从一个备受歧视的黑人小女孩成长为著名的外交官就是最好的证明。有人问她成功的秘诀，她不假思索地回答说："因为我付出了'八倍的辛劳'！"在她小的时候，美国的种族歧视还很严重，因为她的黑人身份，不能进入白宫参观，这使她倍感羞辱。她曾远望白宫良久，最后告诉父亲："总有一天，我会成为那间房子的主人！"父母则告诉她，你要想改变黑人的社会地位，必须付出"八倍的辛劳"，即你如果付出双倍的努力，或许能够赶上白人的一半；付出四倍的辛劳，就得以与白人并驾齐驱；付出八倍的辛劳，就一定能赶在白人的前头。为了实现赶在白人前头的目标，她以超过白人“八倍的辛劳”，不懈努力，在丹佛大学拿到博士学位，除了母语，还精通俄语、法语、西班牙语；26 岁成为斯坦福大学教授，后又成为该校历史上最年轻的教务长。她还曾荣获美国青少年钢琴大赛第一名。此外，她还精心学习了网球、芭蕾舞、花样滑冰和礼仪等。白人做到的，她都做到了；白人做不到的，她也做到了。

美国当然也有真正的穷人。美国的穷人标准是：一般平均 2.6 口的家庭年收入在 2 万美元以下、单身家庭年收入在 1 万美元以下的被视为穷人。这些人中，根据不同情况会得到州或联邦政府的减免税收并获得救济金的援助。据美国人口普查局发表的年度报告材料，2002 年美国有穷人 3 500 万人，占总人口的 12%。这些穷人中，46% 已购买并拥有自己的房子，54% 住独立住宅，36.4% 住政府提供的廉租公寓，9.6% 住汽车房屋。在这些穷人家中，73% 有小汽车或卡车，99% 有冰箱，97% 有彩电。随着经济的发展，美国富人与穷人占有财富数量的差距有拉大之势，但是穷人的实际生活水平还是在不断改善之中。

# 雷文校长

校长是大学发展的灵魂。说到耶鲁大学，特别想说说她的校长——理查德·雷文（Richard C. Levin）。雷文出生于加利福尼亚州旧金山市，1968 年，他以全班最优异的成绩获得斯坦福大学历史学学士学位，之后他获得牛津大学的全额奖学金赴英研修政治学和哲学，再获文学学士学位。1970 年，雷文成为耶鲁大学经济系的研究生。1974 年，雷文获耶鲁大学经济学博士学位，并留校任教。雷文在出任校长之前的 20 余年间，一直致力于教学、研究与行政工作。他曾任耶鲁大学经济系主任和文理研究生院院长。1993 年至今担任耶鲁大学第 22 任校长，成为现任美国常青藤联盟学校中任职时间最长的校长，并被公认为美国高等教育界的领袖之一。

## 校长府邸做客

2005 年 8 月，中国大学领导研修考察团在到达纽黑文的第二天上午，我们就乘车参观耶鲁校园和纽黑文市容，终于有机会走马观花看耶鲁。之后，校车把我们带进一条很漂亮、很幽静的小路——Hillhouse Avenue，路两旁是各式古老的小房子，房前郁郁葱葱的草地上，种着高大的乔木，仿佛是在房前撑起的一把把硕大的绿伞。校车就停靠在 Hillhouse 大街 43 号——一幢很寻常的小楼门前，原来这里就是耶鲁大学校长府邸，欢迎午宴就在这里举行。

我们走下车，热情的主人已经迎候在楼前，与远道而来的中国朋友一一握手致意后，把大家请进了校长府邸——伍德布里奇楼。还没走进校长府邸，就听到美妙的小提琴曲，原来主人请来的乐师正在为来宾演奏。伴着优美的旋律，我们开始参观校长府邸。整幢小楼布置得古朴雅致，没有过多的家具和刻意的装饰，门廊和室内悬挂的油画为校长府邸增色不少：那些油画充满着历史的厚重和文化的韵味，也是主人修养和品位的流露。据说这里装点的油画并不是校长的私有财产，而是从学校艺术馆借来的，到期是要如数归还的。

整个欢迎宴会设计得很简洁，却不失庄重。

首先由雷文校长致欢迎词，然后全体起立，奏中华人民共和国国歌和美利坚合众国国歌，国歌是由耶鲁音乐学院的乐队演奏的，叫做“铜管乐器六重奏”。虽然这里演奏的国歌没有我们在国内听到的那么厚重，但在异国聆听国歌，真的很亲切！由雷文校长和教育部章新胜副部长分别致祝酒词后，接下来就开始真正的午宴了。享受着周到的服务，品尝着香甜的美味，想到的却是耶鲁大学同仁们的一番苦心：从形式上来讲，是中式的围桌型；从操作上看，是西式的分餐制；从内容上看，简直就分不出是中餐还是西餐，既体现了西餐的烹调特色、展现了当地的特产，又保留了中餐的饮食习惯，真可谓是不折不扣的中西合璧。如若不信，有当时的菜单为证：

龙虾云吞汤，香葱黑口菇；芝麻烤虾，姜炒时令蔬菜，米饭；新鲜芒果、木瓜、西番莲果，芒果汁冰糕。

午宴的最后一个节目是雷文校长致结束词，章新胜副部长向耶鲁大学雷文校长和夫人赠送礼品——中央美术学院老师的国画作品，章部长简练的介绍，男女主人由衷的赞赏，博得在座的大学校长们的一阵阵掌声，欢声笑语充斥着房间的每一个角落，宴会的气氛达到了高潮。

雷文校长在欢迎宴会上致辞

章新胜副部长向雷文校长夫妇赠送纪念品

在耶鲁的日子里，我感受到雷文校长没有一点所谓名人的架子，也没有想象中世界著名大学校长那么严肃。研修期间，雷文校长除了自己主讲的课程外，一些主要的讲座，他都要亲自主持或在座聆听。他待人的态度非常温和、诚恳，特别是分别与大家合影时，他总是将自己发自内心的愉悦笑容展现出来，令人难忘。在闲暇时，我浏览当时的照片发现，变换的只是合影人，雷文校长愉悦的微笑始终如一。

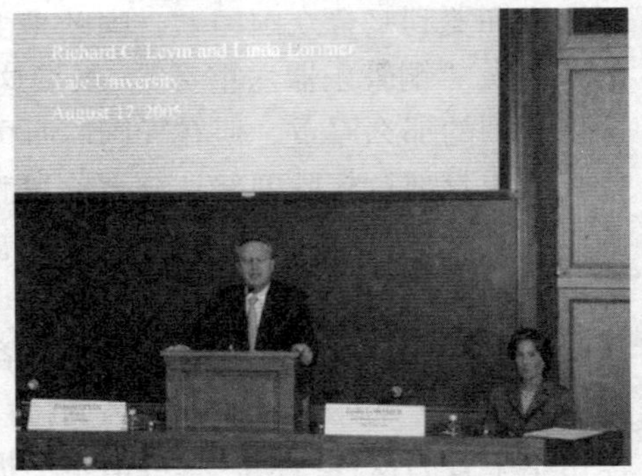


雷文校长为考察团作讲座

以学生为本，可以说是耶鲁大学模仿英国牛津大学和剑桥大学的模式，从 20 世纪 30 年代开始实行“住宿学院”制。每个“住宿学院”有 350 ~ 500 名本科生，男女比例对等，配有院长和学监各一名。12 个“住宿学院”拥有自己的餐厅、客厅、庭院、图书馆、娱乐室等。耶鲁大学希望借此独特的制度使其学生所受的教育不仅仅局限于课堂知识，而且注重于在起居社交时的人生道理，并从中获得终生的友谊。雷文校长在学校管理中，也可以算得上以学生为本的楷模。据说学校要在草坪上修一条甬道，他就连续几天早上骑着自行车在草坪附近观察学生行走的路线，以保证确定的甬道既方便学生，又保持校园的美观。这虽是一件小事，但很令人感动，它反映出的是校长心中以学生为本的办学理念。



## 重视同中国的合作

雷文校长积极支持中美两国教育界的交流与合作，为增进两国之间的相互理解和友谊作出了努力，计划耶鲁在未来 10 年中把“全球大学计划”作为发展重点，而且把加强与中国的合作作为实现这一计划的关键一环。在接受记者采访时，雷文校长曾说过这样一段话：“我们重视中国是有理由的。抛开耶鲁跟中国深厚的历史渊源不说，只说今天。眼下中国正在日益崛起，成为有重要影响力的大国。作为未来的国家领导者，耶鲁学生有必要对中国事务有更好的了解。”因此，自 2001 年雷文校长首次访华，截止到 2006 年 7 月参加在上海召开的“第三届中外大学校长论坛”，他已经是第 7 次到中国来了。但是，雷文校长的亲华行为也遭到一些人的误解，比如对这次在耶鲁大学举办的“第二期耶鲁——中国大学领导高级研修班”的活动，教授会就有人提出异议，质问耶鲁大学的校长为什么要如此地讨好中国。众所周知，美国教育界有一种说法：普林斯顿董事掌权，哈佛校长当家，耶鲁教授做主。也就是说，耶鲁大学教授会的意见是举足轻重的。因此，可以说，这期耶鲁班是雷文校长顶着来自学校各方面很大的压力、动用全校资源并组织学校的顶尖层面的人物——要害部门的管理者、最优秀的教师授课交流，才得以成功举办的。

耶鲁大学作为世界顶尖级高等学府之一，在300多年的历史中，与中国留学生的渊源持续了150多年。目前每年来耶鲁大学攻读博士学位的新生中，国际学生约占1/3，中国是除加拿大之外派出留学生最多的国家。由于中国留学生人数较多，雷文校长在开学典礼后，会在自家后院举行的派对上和所有中国学生照张大合影，可以说这是对中国留学生的特殊礼遇。雷文校长非常欢迎中国留学生，他曾说过，这么多学生从遥远的中国来到耶鲁攻读学位，简直就是一个奇迹。雷文校长还有一句在中国流传很广的话，在百度上搜寻可以找到300余条相关报道，那就是“没有中国学生，耶鲁将黯然失色”。

值得一提的是，雷文校长也曾访问过我们国家教育行政学院，并做演讲。2003年11月12日，是国家教育行政学院的第二届国际日，雷文校长应邀参加，教育部副部长章新胜到场并致欢迎辞。作为一位智慧超群、经验丰富的著名大学校长，雷文校长对大学在全球化视野下的定位与发展不仅具有深刻的理性思考，而且正致力于领导耶鲁大学不断前行。这一天，雷文校长做了题为“创建全球性大学：从学生交流到校际合作”的演讲，使我院国际日的活动达到了高潮。当时在我院集训、即将赴海外考察研修的高校领导干部，以及正在我院研修学习的第23期高校领导干部进修班、第20期高校中青年干部培训班和第6期教育部机关暨直属单位中青年干部培训班的300余名学员参加了演讲会。雷文校长在演讲中表示，每年来美国的数万名中国学生和学者，如今已成为发展中美两国之间深入、持久友好关系的基础，并且两国的校际合作正在走向制度化和多样化，这将确保中美两国人民之间的相互理解进一步加强。他还表示，中美两国面临着共同的全球挑战，要继续维持并扩展联系两国的纽带，扩大学生和教员的交流，建立更为深入的校际合作关系。章新胜副部长在雷文校长演讲结束后指出，雷文校长的演讲以其宽阔的国际视野深入讨论了当今全球化背景下的大学国际化问题，其富有启发性的发言一定会给中国同行多方面的启迪和帮助①。



## 推动大学促进社区发展

雷文校长自接任耶鲁大学校长职务开始就意识到耶鲁大学对于邻近地区乃至全国的经济增长具有至关重要的作用。雷文全心致力于推动“大学促进社区发展”工作。5 位美国总统出自耶鲁，实在是许多人津津乐道的话题，而作为校长的雷文更愿意称道的是耶鲁大学为社区服务所作出的贡献。雷文在接受《第一财经日报》采访时曾说过这样一段话：相对更多学生来说，总统永远只是凤毛麟角，而大学教育是要面向一代人的。在他看来，如何利用高校的影响力促进社区发展，应该是耶鲁大学，也是其他高校努力探索的方向。

2006 年 7 月，在上海召开的“第三届中外大学校长论坛”上，就“大学要在服务于社会上有所创新”的主题，雷文校长发表了“大学如何服务于社会”的演讲，引起众多人士的关注。他认为，大学可以以多种方式服务社会，但主要有三种：一是基础研究。大学的基础研究促进了科学知识、技术和医学的发展，这是经济增长、物质生活水平的提高和人类健康状况改善的基础。二是人才培养。通过基础性的学术研究创造知识是大学为社会作出的重要贡献，但通过对学生的能力培养使其将来能够更好地为社会服务，是与学术研究同样重要的社会贡献。三是履行好机构性公民（institutional citizen）的义务。大学可以通过参与社区建设、提供智力支持等方式直接为当地经济的发展、邻里关系的改善作出自己的贡献。大学也可以通过以身作则，使学生树立

① 中国教育报. 2003 - 11 - 13

强烈的社会责任感来间接地为社会作出自己的贡献。在此，雷文校长讲述了自己自 1993 年上任以来在推进“大学促进社区发展”、致力于建立与社区之间的伙伴关系方面的工作。雷文说，他在 1993 年就任耶鲁大学校长时，正值康涅狄格州、纽黑文陷入困境的时期，缺少工业投资和就业机会，部分商业区甚至被遗弃，城市形象下降，甚至别的城市羞于和它做邻居。但 10 年以后，《纽约时报》的一篇专题文章将纽黑文称作“不可抵抗的目的地”。而纽黑文能够取得如此巨大变化，应该说耶鲁大学功不可没。

雷文校长上任之初，就决定为社区的发展制定综合策略，建造、管理基础设施，并且长期投入。要保证这一计划能够持久发展，就必须和纽黑文的公共官员合作，共同为周围的居民谋福利。当时耶鲁大学采取了三项重要的单方措施：首先，建立纽黑文市事务办公室，专门处理政府、居民、当地企业等关系及相关事务，为落实政策提供恰当的支持；其次，支持学生志愿项目，建立了有偿暑期实习项目，支持学生们在城市机构和非营利性服务组织工作；第三，为加快融入社区的进程，耶鲁大学推出了著名的“耶鲁购房计划”，即对在学校周围购房的教职工提供补助，这在拉动地方经济的同时，也改变了社区成分，使大学能很好地融入社区。该计划现在正在被其他高校广泛效仿。在过去的 12 年里，耶鲁大学有 900 名员工参与到这个项目中，其中 80% 是首次购房。

加速技术转化、推动当地的经济发展是“大学促进社区发展”的又一策略。硅谷的发展得益于斯坦福等大学的带动，耶鲁在生物医学方面一直保持领先优势，可以以此在纽黑文市发展生物医学工业。于是，耶鲁大学在纽黑文市建了生物工业园区，利用相关资源，建立了 30 多个生物技术公司，吸引了 20 多亿美元的投资，为耶鲁大学的学生和教员以自己的才能服务于纽黑文市提供了机会。耶鲁大学和当地政府开发了被废弃20年的科技园，使其焕发了生机。至今，耶鲁每年都要创办若干家这样的生物制药公司。生物技术科技园的长期发展，预示着纽黑文良好的前景，但并没有从根本上解决市民的低收入问题。耶鲁大学又和当地的社区组织合作，让学校建筑系、法律系、管理系的教职员工帮助附近居民实施复兴计划，利用争取到的政府拨款，实现就业工作培训、房屋改造、支持小学建设、实施法律援助项目。林业系的学生帮助社区公园进行规划；戏剧系的学生帮助建立儿童剧院；法学院也免费为贫困人群服务。校园邻近的社区，居民纷纷将房屋整修租给学校的研究生居住。城市面貌随着居民生活水平的提高也发生了很大的变化，纽黑文逐渐成为富有魅力的迷人小镇。

耶鲁的高雅，耶鲁的气派，或许只有你亲历其中才能感受到。耶鲁大学始终坚持学术的独立性，为了维护耶鲁的传统独立精神，历届校长一直抵制来自政治和经济各方面的压力，即使付出再大的代价也在所不惜。正如理查德·雷文校长所说："教育人们服务于社会并不意味着教育必须集中于掌握实用性的技能。耶鲁追求为学生提供一个宽广、自由的教育面，而非狭窄的、职业性的教育，以便使他们具备领导才能和服务意识。耶鲁大学同时也是一个相互尊重的社区，并且珍视自由的表达和对世间万物的探寻。在这个社区中，人们的互动模式同样服务于社会。""让青年学生们用自己在学术、艺术等专业上的成就为社会作出贡献，为人类生存条件的改善而工作。"——永远强调对社会的责任感、蔑视权威、追求自由和崇尚独立人格被认为是"耶鲁精神"的精髓，它是耶鲁人奉献给世人的一份宝贵财富。

近几年，我比较关注美国大学与社区之间的相互作用，搜集了不少美国地方性大学与当地社区发展同生共荣的事例。但今天看来，相互作用大学绝不仅仅局限于地方性高等学校，像耶鲁大学这样的世界一流大学不仅可以成为一所很好的相互作用大学，而且可以发挥出更加巨大的作用。同时，我也很赞赏像雷文这样的专家型的职业化校长：因为做了耶鲁大学的校长，就完全让他放弃了在专业方面取得更大成就的机会，心甘情愿地、忙忙碌碌地去做一个校长的工作，好不容易有点空闲，还要把时间“浪费”在体察学生宿舍、与学生聚餐、参加体育赛事等看似“无聊”的事情上。而这些，或许是作为校长的重要工作之一。

在我们中国，也要给大学校长以宽松的政策空间和优厚的生活待遇，解除校长的后顾之忧，让校长全身心地投入到学校管理工作中去。如果有这样的校长，学生一定会大有作为，大学一定会大有希望，社区也一定会大有发展！

## 只做一名职业化的校长

20 世纪 90 年代，我曾在匹兹堡大学教育学院研修高等教育管理与人力资源开发，十分关注高校校长的遴选和任用工作，也曾撰文介绍美国高校实现新校长“软着陆”的策略。在文中介绍了实现高校新校长“软着陆”的实践基础，即富有特色的新校长选拔机制和缓冲过程；介绍了实现新领导“软着陆”的思想基础，即克服普遍存在的一些错误认识；并介绍了实现“软着陆”的基础策略，即新任校长就任初期的工作技巧。在当时，这篇文章受到多方人士的关注，询问有关实施“软着陆”研究的相关情况，该文还被人大复印资料《高等教育》全文转载。10 多年后，再次来到美国，只是这一次我所关注的问题不是新领导的“软着陆”，而是世界一流大学校长的职业理想与管理理念。从短暂的接触和观察中，我强烈地感受到，中美两国高等教育管理体制及政策导向的不同，对中美两国校长的职业理想与管理理念产生着深刻的影响，乃至制约作用。

与我国普遍倡导的专家型校长不同，雷文只做一名职业化校长。有人说，中国的公立大学校长首先是官员，其次是教育家，再次才是职业管理者。因为，从近几年中国公立大学领导换届的情况分析，不难发现许多新任大学校长都有海外留学和官员背景。于是，有人戏言："大学校长不是作为一名教授、教育家，为了实现崇高的教育理想而兴办高等教育，而是作为一名政府官员，为了贯彻既定的教育目标而管理一所大学。"另外，选拔学术权威当大学校长，校长在从事行政管理的同时，一般还承担着各种科研课题和教学任务。因此，中国的大学校长特别累。而形成他们行政管理与教学科研"双肩挑"局面的一个重要原因是校长任期制。由于中国的校长任期一般是4年，4年期满后可能不再继任，还是要回到教学和研究岗位。而如果在任期内完全放弃自己的学术，不再担任校长职务后，很难再继续开展学术研究。因此，要中国的大学校长完全放弃学术在目前还很不现实。

在北京"第二届中外大学校长论坛"演讲中，雷文提出：好的校长，尤其是一流大学的校长必须具有影响力和领导力，包括制定引领大学前进的美好愿景并能够将其准确传达、制定远大而且能够实现的目标。这个目标要逐步实现，但一有机会就要牢牢抓住，促其迅速发展；有足够的时间工作，将大量时间集中在主要的行动上；要敢于冒险，在实施变革时显示出自己的决断力和手腕；选择有能力的人做领导者，并给他们足

雷文在第二届中外大学校长论坛上演讲

够的自由；制定激励机制，以确保个人目标的实现与学校的成功发展相结合等。在他看来，大学校长有其特殊的责任和使命，大学校长是一个需要全神贯注、专心致志、全力以赴去做的事业，没有时间也没有精力再去眷顾其他的事情。雷文作为一位在学术界享有崇高威望的经济学家，在担任耶鲁大学校长后，放弃了自己的学术工作，全身心地投入到学校的管理工作中，全力以赴地使耶鲁成为一所国际化的高等学府。他作为教授在担任耶鲁大学校长 13 年的时间内，没有带过一名硕士生或博士生，没有挂名领衔做过一个具体的科研项目，他只出过一本书——《大学工作》（*The Work of the University*），收录了他担任校长以来的演说、讲话和文章。说到这本书，还要提及的是书的扉页设计上，展现的是中国第一位留美学生容闳身穿中式长袍的大幅照片，而次页则是詹天佑的大学毕业照。

# 管窥美国官员

美国官员的收入只有中等水平，官员是一种“职业”，而不是一种“职权”。既然是一种职业，就一样要履行职业规定的责任与义务，遵守职业道德，而没有高于其他职业的任何特权。他们的廉洁不是高薪养出来的，是制度管出来的，是民众和媒体监督出来的。美国官员受到新闻媒体无孔不入的监督，在任职期间哪怕是出了一点看来微不足道的“丑闻”，就会被媒体曝光，并受到毫不留情的追究。美国一般人的个人隐私权受到高度的尊重和保护。一个普通平民，只要不触犯法律，对个人的私德，政府和他人都无权干涉，也没有人想干涉。但是对美国官员的要求就不同了，官员的私生活必须是清澈透明的，如果你在任期内制造了“绯闻”，无论你是多大的官，就算是国家元首，一样要受到严厉的追究和制裁。

## 人们不在乎当官的

美国人对高官、对权贵没有敬畏之心，更多的倒是怀疑和不信任。美国人对官员的不信任不是基于对“人”的不信任，而是基于对“权力”的不信任，认为人一旦拥有“权力”，就有滥用权力和以权谋私的倾向，无论是什么人都有这种倾向。在美国社会中，人人自主，民众对政府始终构成压力。

上海长航医院院长张中南先生讲了这样一件在美国给他留下深刻印象的事情：

1992年，我在美国的一家医院工作，美国亿万富翁、曾经是世界首富的沃尔玛连锁店的大老板来我们医院做膝关节置换手术。手术前后，时任美国总统的克林顿坐专机“空军1号”来看了他两次。我本以为这还不得把当天别的手术都停掉呀。结果，那天排了6个关节置换手术，他排在第二个。我问手术室护士长为什么把他排第二？护士长对我这样问感到很奇怪，答曰：“他是第二个来的呀！”在这个医院他与别人唯一不同的是，他有钱，住进了大套房，而在治疗上与他人完全一样，既无特殊优惠，也无过度的关照。①

这个医院没有因为总统驾临而有受宠若惊的表现，也没有因为总统到来而改变工作秩序，更没有因为患者是超级富翁，又有国家元首垂青而对他高看一眼。

一位记者看到过这样的场面：社区里每年有好多次各种名目的集市，人们利用假期上演一些自己编导的节目，卖一些自制的手工、绘画和食品，市长常来参加。市民们在电视里看见过市长，都认识市长，但也就是互相摆摆手，擦着肩就过去了。市长是来察看的，但身边只有一个保安人员，没有一大帮随行，更没有闪光灯追着。记者看见他，让他在麦克风前讲几句话，然后记者说声“谢谢”就走开了，然后市长像一个普通群众一样坐在草坪上观看表演，周围没有任何人因为他的到来而哗然，更没有前呼后拥的人。但如果有一个残疾人的轮椅过来，却会有好几个人同时站起来给他让位置，或帮他推一把，并且投以关怀、同情的目光。

还有这么一个故事：1997年12月11日，美国著名记者辛迪·亚当想约克林顿总统的夫人希拉里进行单独采访。经过多

① 张可佳. 美国富翁看病. 报刊文摘，2006-12-18

方努力，终于如愿了，希拉里同意在她出席了纽约曼哈顿大学俱乐部的一个妇女集会的讲演后，跟辛迪谈一个小时。采访就定在曼哈顿俱乐部。这个俱乐部有上百年的历史，庄重传统，古色古香。辛迪先到，在大厅等候。但是到了约定的时间希拉里还没有来，她坐立不安了，悄悄地把手机拿出来，想打个电话问一下。守门的老人过来了，并说："夫人，你在干什么？"辛迪说："我跟克林顿夫人有个约会。"老人说："你不可以在这个俱乐部里使用手机，请你出去。"说完后老人就走了，辛迪乖乖地收起了手机。一会儿老人又来了，看见这个女人没有走，还与克林顿夫人在大厅里高谈阔论，在场的还有总统府的高级助理们。老人不高兴了，说："这是不能容许的行为，你们必须离开。"克林顿夫人说："咱们走。"然后乖乖地拉上辛迪就出去了。

在美国人的眼里，什么头衔、等级，不过意味着一份工作，一份职责，在人格上大家都是平等的。在美国，人们往往不以他人的价值取向作为自己的成功标准，也不羡慕高官、权贵或富人，而是选择更适合自己发展的道路和生活方式，他们很在乎忠于自己的职守。有评论说："这个老人可不是贾府门前的焦大，他选择了守门，就拥有了一份权贵们不敢在他面前猖狂的自信。"

美国的官员上级不管下级，总统不管州长，州长不管市长，厅长不管处长……下级也不必遵从上级，他只需要按自己职位的职能要求行使自己的职责，做好自己分内的事情，根本用不着和上级套近乎。总统去某一个城市视察，市长和市政府官员根本不出面陪同，仍自顾自地干自己分内的工作。总统在那个城市的衣、食、住、行，全是自己买单，市政府不用花一分钱。2005年9月至2006年4月，5名中国四川省官员在美国的佐治亚州和明尼苏达州政府接受培训，进入州政府部门"顶岗实习"，其中一位担任明尼苏达州农业厅厅长助理。这期间，他发现农业厅厅长和处长一同出差考察，各订各的宾馆，各打理各的事情，“处长根本不管厅长”。美国的处长为什么根本不管厅长？根据他的观察和理解，在美国，处长和厅长的关系是雇佣关系，处长受雇于厅长，处长有自己的工作职责范围，只要把分内的工作做好，就是对上司的最大负责，至于厅长鞍前马后的事情，不属于处长的职责。

一位在纽黑文市做市长助理的中国官员看到这样的情景：有一天，美国副总统戈尔到了纽黑文市，该市市长该干什么还干什么，只管做自己的事情，并不去陪同副总统。这位中国官员考察的结果是：在美国，下级官员没有恭迎上级官员，没有给上级官员安排食宿和陪同检查工作这一说。

在美国，在政府工作的官员就是一种职业，一个工作岗位，他只需要按照法律对这个岗位的要求来工作就行了，他只对工作负责，对岗位负责。这就是美国的“官场文化”。就是在企业里也是一样，下属不需要讨好上司，只需要把自己的工作做好。

美国的各级官员都是当地人民自己选举出来的，不是上面任命的，美国的总统不能任命州长，州长也不能任命市长，就更不用说升降和罢免了。州长、市长的任命、升降和罢免全是当地人组成的议会说了算。重要部门的“领导”由选民直接选举产生，即不仅州长、市长和理事会成员要选民直接选举，财政部门和土地管理部门等重要机构的负责人也要由选民直接选举产生。他们都对选民负责，而不对“上级”负责。美国的一个普通市长就可以不买总统的账。联合国50周年庆典时，纽约市市长为各国首脑举行了一场音乐会。音乐会开始前，市长居然把克林顿总统邀请的客人阿拉法特“请”出了剧场，理由是阿氏乃“恐怖主义分子”，克林顿很生气，但也无可奈何。纽约市市长是纽约人民选的，不是总统封的，他不用管总统高兴还是不高兴，纽约人民高兴就行。

美国人认为，民主选举是政治制度建设最基本的内容，行政体制中最为关键的是政府成员的产生方式，产生方式决定了政府成员对谁负责的价值取向。同时，民主选举本身就是对政府成员的一种约束。有学者提出，在美国存在经济市场和政治市场这样两个相互关联的市场。在经济市场中，老百姓手中的货币是他们的选票，他们买哪家企业的东西，就决定了企业在市场经济中的生死存亡；在政治市场中，老百姓手中的选票决定了政治家的命运。直接选举是美国地方政府实行自治的基础，在美国是一件大事，也是一项常规工作。地方政府的官员任期不长，每年都有部分改选，谁想不落选，就必须在任期内在选民身上下工夫。这样，选民们每年也都有机会通过选举表达他们对政府工作的意见。美国总统一任 4 年，在他任期一半的时候要进行一次中期选举。中期选举要改选 2/3 的州长、一半的众议员和 1/3 的议员。这种中期选举，在美国也一向被认为是对总统的民意测验。可以说，在美国形成了民众对政府官员的制约之势。选举票是人民的力量，投票是自由的。投票不受任何党派的约束，喜欢谁就选谁，候选人要千方百计地讨选民喜欢，以得到选民手上的票。一位美国女士说：“这张在我们手上的票是我们自己的，也就是靠这张票，我们的政府不敢得罪我们，若是我们没有投票的自由，美国怎能自称为民主国家?”

## 总统不能给自己涨工资

美国的官员都要公开财产，股份公司头目们的收入也要全部公开。美国总统布什的年薪是 40 万美元，比前任总统克林顿当时 20 万美元的年薪增加了 1 倍。如果再加上夫人劳拉及其他收入，2003 年布什夫妇的总收入达 72. 8 万美元。美国总统的年薪从肯尼迪到克林顿一直维持在 20 万元的水平，后来认为总统这个年薪标准偏低，提出要给总统加薪。在克林顿当政时期提出，总统年薪要提高到40万美元。这是有史以来美国总统第5次涨工资。但是按照美国法律规定，总统不能自己给自己加薪，也就是说，总统薪水低，需要增加，在本届提出，下届受益，“前人栽树，后人乘凉”。所以，克林顿在任时提出，小布什当政才受益。

在一个法治的国家，公务员的权和利都要受到严格的制约，如果公务员自己给自己涨工资，这在美国人听来是天大的笑话。公务员是靠纳税人养活的，公务员的工资标准要经过国会的批准。即使美国公务员提出涨工资的法案得到批准，为了避免自己给自己涨工资之嫌，因为美国法律规定“利益回避”制度，即“谁提出涨工资，不给谁涨工资”。而让下任官员受益，这就避免了公务员利用手中的权力为自己谋取私利的可能。美国国会议员薪金变动的《第27条宪法修正案》有一句话：“新一届众议员选出之前，任何有关改变参议员和众议员的任职报酬的法律，均不得生效。”（这个法案是1789年9月25日提出的，直到1992年5月7日才生效。）当官的要想涨工资，首先要经过代表人民的参众两院2/3的批准，然后还要由全国超过3/4的州议会批准。美国第1任总统华盛顿在1789年任职时的工资为25 000美元/年，可是华盛顿分文不要。美国总统的这一工资标准一直延续到1873年第18任总统格兰特的第二任期，这时的工资为50 000美元/年，是美国历史上的第一次总统加薪。1909年美国总统第二次加薪，第27任总统塔夫脱的工资为75 000美元/年。第三次加薪是1949年，第33任总统杜鲁门在第二任期时的工资为100 000美元/年。20年后，从第37任总统尼克松开始，总统第四次加薪，工资涨到200 000美元/年。现在的第43任总统小布什很走运，一上台就赶上了总统涨工资，他的工资为400 000美元/年，这是美国总统的第五次涨工资。

给美国总统涨工资，考虑的不是提高总统的待遇，而是维持总统的待遇，因为美元自身贬值的缘故，从购买力角度衡量，如果不涨工资，总统的实际待遇是下降的。在将近100年的时间里，按照实际购买力计算，美国总统的工资缩水近7成。所以有人说，美国的官越当越穷。第三任总统托马斯·杰弗逊是农场主出身，卸任总统后，他债台高筑，不得不卖掉土地和自己心爱的藏书还债。当杰弗逊经济极其困难的消息传开之后，美国各地为他捐款16 000美元，但这并不足以偿还他的债务和医疗费用。第五任总统詹姆斯·门罗也出身农场主家庭，离任总统后也像杰弗逊总统一样，卖地还债，最后连居身之所都没有了，只得搬到纽约的女儿女婿家居住，依靠女儿生活。第七任总统安德鲁·杰克逊是个庄园主，离任总统后无法还清自己的债务，在他的遗嘱中要求把他剩余的所有财产出售用以偿还债务及利息，只留给后人3柄剑，要求他的子孙们在必要时用剑保卫合众国宪法。第十一任总统詹姆斯·波尔克也出生于家境殷实的庄园主，在任总统期间积劳成疾，离任不久就去世了，妻子只得变卖庄园的土地生活，后来国会给了她一笔救济金，使她勉强维持生计。第十三任总统米勒德·菲尔莫尔由于总统任期内入不敷出，离任时已经债台高筑，无力偿还，所幸他1858年2月获得一位富有的寡妇卡罗琳的爱情，婚后，卡罗琳替他还清了债务。克林顿总统到了后期竟连打官司支付给律师的费用都没有，靠朋友捐款给他请律师。①

## 官员的收入公开

《华盛顿邮报》报道，包括总统在内的白宫工作人员共有

① 官为什么会越当越穷．中国律师网互动社区，2006－11－12

431 名，他们的平均工资为 67 750 美元/年，比美国公民的平均工资高出 0.8 倍，美国公民的平均工资约为 36 764 美元/年。美国总统布什的工资为 40 万美元/年；副总统切尼的工资为 18.14 万美元/年；紧跟其后的 17 位高官的工资为 15.7 万美元/年；布什的私人秘书埃什利·埃斯杰斯的工资为 7.3 万美元/年；白宫内从事“辅助性”工作的几十名工作人员的工资为 3 万～4.5 万美元/年，最低的要数白宫内部的话务员和邮政人员，他们的工资只有 23 621 美元/年。估计全国公务员的平均工资只相当于全国公民的平均工资或略低于全国人民的平均工资。

美国的《政府行为道德法》规定：总统、副总统、行政部门的每个官员和雇员，包括政府特别雇员，16 薪级以上的文职人员，就职后 30 天内，必须提交一份申报书，申报内容包括超过 200 美元的演讲费及各类酬金，价值超过 100 美元的红利、利息、租金、馈赠，从任何人士那里得到的累计价值超过 100 美元以上的谢礼；配偶从任何个人那里赚取的 1 000 美元以上的收入项目，因为同申报人的关系而收取的馈赠、赔偿，都必须申报，由廉政公署按规定予以公布，以接受公众的监督。1978 年，美国国会通过的《廉政法》进一步强化了有关规定。①

一位在美国马萨诸塞州教育部任职一年多的中国干部体会到了什么是“清水衙门”。教育部是非营利性机构，全年没有一分钱奖金，不发任何实物，也没有其他补贴，唯一的工资外收入是少量的学位补贴。有博士学位者每月补贴 160 美元，有硕士学位者每月补贴 120 美元，有学士学位者每月补贴 80 美元。部长、副部长的年薪在 10 万美元左右，生活比较简朴，有的人住着很旧的房子，甚至是很差的社区。真正有意义的福利有两项：本人

① 郭红霞. 美国政府官员的制约机制及其启示. 中国社会科学院研究生院学报，2005（4）

及配偶可以在州立大学免费选课（此项对多数职员无用，因为他们已有学位）；退休金有保障，而这项福利要在州政府工作满十几年后才能享受。整个教育部没有一辆公车，上至部长，下到清洁工，都要自己解决交通工具问题。去本州或邻州出差要是开私车，每英里（相当于1.6公里）补贴二三十美分的汽油费；出差在外1天可报销20多美元的伙食费，够吃两三顿快餐，不够一顿像样的晚餐。每年都有圣诞聚餐，费用都是大家分摊，顶多是上司们付酒水钱。所以根本不存在公款吃喝和公车私用的问题。更不可想象的是，麻州教育部400多位员工用的两栋办公楼是租用的。有的员工上班开车单程就要1个小时。每天工作8小时（包括半小时午餐），员工早上上班要签到，下午走要签出，每周结算一次，缺的时间要从假期中扣除，假期用完了，就按所缺小时数来扣工资。①

## 官员支配的钱很有限

美国官员能支配的钱相当有限，每支出一笔都要向当地议会作详细汇报，因公务收受哪怕是一支普通钢笔的小礼品都得上交国库。近些年，中美两国有不少城市结为“友好城市”，双方市政官员你来我往也是顺理成章之事。但是好像“剃头挑子一头热”，中国去访的多，而美国回访的少。之所以如此，并非美国官员不懂礼貌或摆臭架子，而是他们拿不出公款来中国访问。美国官员的每一项公务支出都得纳税人认可，他们不能随意动用哪怕是一分钱的公款。于是，富裕的美国城市的市长常常想来中国参加所谓的“贸易洽谈会”，但是又为纳税人会不会同意出钱这样的问题所困扰；贫穷的中国城市的市长则会豪爽地拍着胸脯

① 杨铁. 美国的“清水衙门”. 世界博览，2005（11）

说："尽管来吧，所有费用我报销！"

某电视台《让世界了解中国》节目，山东某市市长和美国来得蒙得市长通过电视对话，交流各自城市的建设发展。在节目的结尾，两位市长相互邀请对方访问各自的城市。美国市长高兴地接受中国市长的邀请之后，表示没有访华的费用，显然美国市长没有掏自己私人腰包出访山东的主观欲望。她解释说自己虽身为市长，但办公费来自于市民纳税，每笔开支必须对市民负责。出国访问属于额外开支，办公费中没有这笔预算，所以需向有关企业募捐，获得企业赞助后才能安排访华的行程。中国市长高兴地接受了美国市长的邀请后，丝毫没有对出访费用感到担忧，而且听到对方表示囊中羞涩后，立即表示自己可以为对方支付出访中国的一切费用，包括往返机票、住宿、吃喝……粗算一下，即使为期一周的访问，也得 5 000 美元以上，中国市长的个人访美费用应该与此相当。如果两位市长互访均成行，直接费用大约在 1 万美元以上，那就是 10 来万元的人民币呀！

有位朋友写了一篇《当美国市长欠爽》的小文，也是谈到在央视上经常看到我们有些城市举办一些与美国友好城市之间的越洋对话，最后是中方市长邀请人家来访，对方则说"今年的出国预算已经用完，将来有机会一定去"。中方市长则马上慷慨表示："今年就来嘛，往返的机票我来埋单。"美方市长哈哈一笑，说几句"谢谢"，也就没了下文。美方市长为什么对这等好事还不敢接受呢？《检察日报》有过这样一则消息：美国的州、市级官员出国要提前向市议会讲明事由以及费用由谁出，并提交相关的证明，无缘无故接受别人出资的出国邀请是有受贿嫌疑的，是要接受有关部门调查的。①

---

① 阮直. 当美国市长欠爽. 学习月刊，2006（2）

# 市长要获医疗赔偿也挺难

《世界日报》2006年5月24日报道（美联社纽约23日电）了关于纽约市前副市长获医疗赔偿之事件。报道说：在“9·11”袭击后患严重呼吸道疾病的前副市长，已获得市政府的医疗赔偿。当世贸中心第一栋大厦倒塌时，纽约市前副市长朱迪·华盛顿（Judy Washington）到当时毒烟弥漫、尘土飞扬的灾区视察。在其后的多个星期里，他一直在现场协助救灾工作。如今他患上了虚弱性哮喘和其他并发症，因此，他提出诉讼，要求赔偿。法官判决认为，华盛顿理应获得医药福利，但是纽约市政府不服上诉。《纽约邮报》上周对此事作出报道后，现任纽约市市长彭博随即表示，市政府的上诉是错误的，并指示法律局作出调停。前副市长华盛顿和他的律师与市政府律师会面后，双方均表示，政府的上诉已经撤销，华盛顿已经获得医疗福利。彭博市长的发言人说，市长对这件事情的圆满解决感到欣慰。看来美国人就是秉公办事，不因华盛顿是“前朝老臣”就随意给他福利好处。同时，美国人也尊重法律和重视舆论，最终还是要按法律办事，以告慰舆论。这可能就是“法治”与“人治”的区别吧。

# 美国朋友

我印象中的一些美国人，特别是一些中老年人，活得很年轻，很潇洒，很乐观。我有幸结识了几位这样的美国朋友。美国人塞缪尔·厄尔曼于70多年前写了一篇叫做《青春》的散文，全文300多字，脍炙人口，发表后一度风靡世界。美国前总统克林顿对《青春》厚爱有加，奉为座右铭，他入主白宫后，《青春》也随着到了白宫他的办公桌上。文中有这样的一段话：

> 青春不是年华，而是心境；青春不是桃面、丹唇、柔膝，而是深沉的意志，恢弘的想象，炙热的恋情；青春是生命的深泉在涌流。无论年届花甲，抑或二八芳龄，心中皆有生命之欢乐，奇迹之诱惑，孩童般天真久盛不衰。人人心中皆有一台天线，只要你从天上人间接收美好、希望、欢乐、勇气和力量的信号，你就青春永驻，风华常存。

我熟悉的几位美国朋友就拥有塞缪尔·厄尔曼描述的那样的青春心态和风貌。我真的很怀念这些美国朋友，因为他们活得很真实，为人很诚恳，待人很友善……

## 最早的美国朋友

我从20世纪80年代中期开始有机会与美国人打交道。那时候我住在沈阳市，在辽宁教育学院工作。改革开放的春风比较早地吹进这所校园，学院领导的开放意识也比较强，比较早地加强了与美国、英国一些学校的联系与交流，一些外语教师被派出去强化语言学习，并聘请外教到学院任教，加强对教师的英语培训。我先后与两批美国老师接触，对美国人的性情、作风有了一些初步的感受。

1986 年暑假，我校来了4 位美国人，都是女性，两位年长者均56 岁，两位年轻人均22 岁，4 位组成一个教学小组，56 岁的 Marjorie 为组长。学院把中青年教师 30 来人组织起来，编为一个班，进行英语强化培训，时间是一个月。丁广举为班长，他当时是学院教务处副处长。

Marjorie 性格开朗、活泼，长得很漂亮，看上去也就是40 多岁，经常穿的是宽松的连衣裙，每天换一件，款式差不多，颜色大不同，总给你一种新鲜感。其他三位的服饰也是每天翻新，56 岁的 Ann 也是经常着裙装，但是两位年轻人 Larry 和 Genitt 倒是时常穿长裤。我们学院的教师不乏帅哥靓女，穿着也不落后，大家每天倒换衣服，穿着越来越讲究，衣着色彩明丽，款式大方，很有品位。一次我们全班陪 4 位美国老师到运河边的公园游玩，一起拍了不少照片，今天翻开相册，都觉得我们当时的穿着真的很时尚，20 年后也不过时。穿戴是一个人精神面貌的体现，也在一定程度上反映心态。

美国老师对工作非常负责任，教学明显地带有美国特色，就是想方设法地让学习者感到学习的乐趣。对我们这些年龄参差不齐的学员（年轻的20 多岁，年长的 40 多岁），她们用的似乎是对待小学生的方法，课堂搞得很热闹，经常展示一些教具，搞情境对话，教唱儿歌；业余组织联欢会、化装晚会，跳集体舞，许多设备都是美国老师亲自准备的。

Marjorie 她们来中国，也很想更多地了解中国社会和中国人的真实生活，所以她们有强烈交朋友的意愿。但是，那还是改革开放之初的年代，与外国人交往，国家有很多规定。当时学院领导三令五申，不能与她们单独接触，不能请她们到自己家去，等等。Marjorie 却非常想到中国人家里去看看。培训快结束的时候，她还是向我提出了想到我家看看的要求。我们考虑再三，虽然知道领导有令，但还是答应了她的要求，并且也没有请示领导，就安排了一个晚上她到我家访问的活动。那时候，家里真的很穷，为了招待她，我临时买了一套茶具，买了些水果，记得有西瓜。她自带相机，拍了一些照片。

一个月的时间很快就过去了，培训结束他们即回美国。结业的时候，她们分别送给大家一些纪念品，我们也送给她们一些礼物。Marjorie 送给我们的是一个镀金的纪念盘，至今我们还保留着。她们还把一些用过的日用品分发给大家。Marjorie 给我的是一个塑料洗脸盆，蓝色底儿，图案是粉红色的牡丹花。这虽然是个小事，但也反映了她们的淳朴、节约。

## 亲家母 Dana

由于女儿大胆地选择了“跨国”婚姻，使我与 Dana Allison 相识和结下友谊。Dana 祖籍苏格兰，是地道的美国人。第一次见 Dana 是 1997 年 8 月，在 New Hampshire 州的 Portsmouth 市她的大女儿家，她在操办儿子的婚礼；第二次是 2004 年 9 月，在北京我的家，她随媳妇、儿子来中国旅游；第三次是 2005 年暑期我去美国探亲；第四次是 2006 年上半年我与丈夫一道赴美探亲期间。实际上在 2005 年和 2006 年我们

Dana 与本书作者一起欣赏古琴演奏

有过多次会面。在我们相识的近十年中，每到圣诞节和新年前夕，她都会万里迢迢地寄来贺卡和礼物。2006 年我们在美国期间，适逢母亲节和父亲节，她又先后给我们寄了贺卡。我喜欢 Dana，喜欢她的古道热肠，赞赏她那份自然的生活态度和对生命的热爱。

Dana 是关注中国的“先行者”。早在 1980 年中国改革开放之初，她就随丈夫的医生访问团来到了中国，给她留下深刻印象的是中国西安的兵马俑、北京的故宫和八达岭长城，以及中国人围观他们参观团里两个特号胖子的场面。克林顿总统首任期间，克林顿访华是中美关系中的重大事件，中美人民都极为关注，媒体也有及时的报道，特别是美国在电视节目中大量介绍了中国改革开放的成就与社会变化。那期间，Dana 经常与我通电子邮件，她为中国的变化而高兴，她说中国人的服装变了，穿得漂亮了，妇女的发式变了，人们的脸上有笑容了，满街的自行车不见了，街道整洁了。2004 年秋，Dana 他们一行 3 人来中国，除了有在北京旅游的安排外，我陪他们到了上海，住在华东师范大学，游览了上海、苏州和杭州一带的名胜。在北京、在上海，在酒店、在家里，受到我的一些朋友的盛情款待，他们之中有专家学者，有高校领导，有政府“高官”。这也使她有机会进一步感受到中国的变化，了解中国人的生活、事业和文化。她很兴奋，很感慨。

Dana 是个社会活动家。她是她所在地方 3 个镇联合建立的历史学会前主席。至今她还保留着历史学会的门钥匙，随时关注历史学会的活动和建设。2006 年 7 月初，我们去缅因拜访她，她带我们参观了她的历史学会，还随车给学会带去一个讲桌。在学会的展品中，她亲手做的漂亮的被子正高挂在雪白的墙上。她还经常参与当地一些文化活动的组织工作。我们在康州期间，她往来于缅因和康州之间 4 次，来去匆匆。两地相距几千里，单程连续开车要10多个小时。一般她会途中在大女儿家停一脚，住一个晚上，第二天再到儿子家。有时因时间紧，则直奔儿子家，那就要连续开车10多个小时。这对于一个74岁高龄的老太太来说，无疑是体力和精力的考验，她看上去却很轻松。来到以后还要与儿女们聊到很晚，次日早上5点多就又起床了。来去匆匆并不主要是为了看孩子们，往往是出席家长会、毕业典礼、入籍宣誓什么的。

3月下旬我们出席了Dana在她的老家Vermont（佛蒙特）州的名镇Barttlboro赞助的一个专场音乐会，主题是纪念创建Pipe Organ 100周年。时间是3月24日，音乐会举办地点在First Baptist Church。Pipe Organ是一种古琴。Dana的父亲对这一古琴的发展和完善作出过贡献。Barttlboro镇又是她当年结婚的地点，这里还有她青少年时代的许多朋友，所以在她的人生历程中有着深刻的记忆。我们于当日12点半从康州出发，风驰电掣般地驶向Barttlboro镇。大约在下午3点钟就到了下榻的Latchis酒店（入住2个房间，每间2张单人床，这样的设置比一张双人床要便宜。2个房间之间有门相通，一家人可以打开，陌生人可以关闭。这种设计很方便，很聪明。因为我们带了孩子，一个房间里还安了一个婴儿床。房价一间75美元，加上税，一共花了160多美元。酒店还提供早餐）。音乐会在晚上7点半开始，我们7点就到场了。观众有200余人，以老年人为主，中年人有一些，青年人很少。只有一位演奏家，也可以说这是一场个人专场音乐演奏会。主持人在会上表扬了Dana等支持者，与会者集体朗诵了赞美上帝的颂词，主持人向演奏家赠送了纪念品。演奏结束后，备有饮料和甜点，人们吃着，喝着，聊着，直到午夜才散去。第二天早饭后Dana送走了我们，又答谢和告别她的朋友，然后驱车回她的缅因了。

Dana是个民间艺术家。她酷爱“缝纫”艺术，她亲手做的婚纱礼服和缝制的艺术“被子”堪称一绝，那真是叫漂亮，让人们赞不绝口。我不知道她究竟做过多少条漂亮的被子，总之很多很多。2004 年她来中国，送给我的礼物就是一条很有艺术感的被子，长2.5 米，宽2 米。主题是：星光下，花丛中。色调淡雅，有浅蓝、浅绿和紫色等几种颜色，都是我所偏爱的。做这床被子，花了她3 个半月的时间，从2004 年5 月25 日开始，到9 月5 日完成。我还见过她送给媳妇和儿子的一床被子，上面有龙，有凤，还有鲜红的大双喜字，也是长2.5 米，宽2 米。她第二次来中国，在苏州的绸缎店买了不少花色的绸缎，还有丝棉，就是为了做被子。为了推广她的被子艺术，她还亲自举办“做被”培训班。另外，她用各色布头为小孙子缝制的小狗，也是惟妙惟肖，做的睡衣也很漂亮。心有所思，针有所随；是生活，是文化，是艺术。千针万线寄托着她对子女、亲人和朋友的爱，展现着她的人生激情……Dana 是浪漫的，她生活在理想之中。她认为自己才年方74 岁，她孙子1 周岁，她一定能看到孙子上高中。

Dana 是个美丽的女人。她的美既表现在她的外表，也体现于她的心灵。这次我们到缅因她的家，看到她年轻时候的照片，那份清纯、秀美，毫不夸张地说，真不亚于世界影星费雯·丽和英格丽·褒曼她们（我女儿非常赞同我的评价）。现在70 多岁的Dana 仍是风姿绰约，脸上总是洋溢着灿烂的笑容。她身高180 多厘米，一次在北京的华侨大厦出席宴会，她身着浅蓝色的长裙套装，很是靓丽醒目。那次来中国一个月，她带了一大箱子衣服，休闲装、晚装，应有尽有。在Barttlboro 镇的音乐会上，她的着装也备受瞩目。3 月底的天气还有些微凉，她外穿一件白色长风衣，内穿一件鲜蓝色的中式绸缎上衣，及露脚跟的半高跟黑色皮鞋，显得非常大方高贵。Dana 那银丝缕缕的卷发、略饰唇膏的红唇，总是透着生机和活力。

Dana从不言苦，不言累。在我认识她的近10年中，我见到的是一位乐观、开朗的Dana。其实，她有过很多不幸。1980年她与丈夫访问中国回到美国不久，她丈夫就突然病故了。她丈夫是个很好的儿科医生，也有相当高的收入。那时她才48岁，他们有5个孩子（3男2女），最小的女儿当时才八九岁。在以后的20多年中，她一个人把5个孩子抚养长大成人，谈何容易?!他们都念了大学，当了医生、律师、教师、编辑等。当然，美国的社会有个很大的优点，孩子成年以后主要靠自己，包括上大学的费用，都要靠自己打工去挣，而不是向父母索取。在丈夫去世的20多年中，Dana固守着他们白手起家共同建造的家园，那是一片占地300多英亩的山林，“青山依旧在”，有的地段借给邻居做了放马场；一幢连体的两个蒙古包式的房子，周围有花有树，花果飘香。经常陪伴她的是两只猫和一条狗。出远门时，Dana就把猫和狗寄存在邻居家，有时候还把狗随车带上。那条狗是她忠实的卫兵和朋友。

Dana很爱她的家乡，这次分别时她送给我们的礼物是带有缅因（Maine）字样的T恤衫和缅因的香包、枫糖、茶。说起她的缅因，那份自豪和深情溢于言表。但是年岁越来越大了，儿女们想让她搬离缅因，离儿女们近一些，方便照顾。她说，她舍不得离开她的缅因，那里有她太多的骄傲，太多的怀念……

## Terry医生

女婿的姐夫Terry是一位颇受他的患者信任和尊敬的大夫，60多岁，精力旺盛，精神抖擞。1997年我就见过他，因为我女儿的婚礼是在他家所在的New Hampshire州的Portsmouth市举办的，他们夫妇承担了所有来宾的接待工作。他家的房子很大，是盘下一套旧厂房改建的，容纳几十人不成问题。房子的外观很平常，“内容”却非常丰富。从美国各地赶来参加婚礼的我女儿的同学和朋友们都住在他家里，女婿的亲戚们都住酒店。为了接待我和我女儿，他们重新修整了一套卧室，包括卫生间，房间宽敞明亮，很方便。我还在他家与他较量过乒乓球。

2005 年暑期，我在美国期间正赶上 Terry 遇到了麻烦，只是在电视专访节目中见到他。他因说话不慎，引起一位患者的不满，被反映到当地医生管理部门，并引起媒体关注，接受了一次记者采访和有了一次在电视节目中露面的机会。

事情是这样的：在美国，胖人很多，可能是因为汽车普及，以车代步，很少走路，以及普遍吃高热量食品所致。而过于肥胖就是一种病，甚至会危及生命。Terry 的一位女性患者就特别肥胖，她的丈夫也相当肥胖。Terry 为了引起她的重视和注意，就想把事情说得严重些。他说：“你和你丈夫都这么肥胖，你们的寿命都不会长，若是你丈夫先死了，你就找不到人再嫁了。”此话太让人伤心了，患者很生气。话出口后，Terry 也很快意识到此话不妥，并连忙向患者道了歉。但是患者还是向当地医生管理委员会反映了这一情况。医生管理委员会认为 Terry 缺乏医生职业道德，责令他去参加培训，以加强职业道德修养。Terry 不服，认为是医生管理委员会小题大做，故意找碴儿，拒绝参加培训。这样，医生管理委员会就有权吊销他的行医执照。为了保住他的行医权利，Terry 把医生管理委员会告上法庭，与医生管理委员会对簿公堂。Terry 律师的辩护不去涉及 Terry 说的话是对还是不对，而是说 Terry 有权利说任何话，即以 Terry 有“言论自由”的理由为之辩护，最后 Terry 胜诉。“言论自由”的权利帮助 Terry 解了围。这可是作为一个公民“言论自由”权利的妙用。但是，我认为，尽管言论自由可以让人们说任何话，但对于一个人来说，却不是任何话在任何场合对任何人都可以随便说的。特别是作为一个医生，面对自己的病人，怎样说话有利于其健康，是必须斟酌的。我想Terry也会接受这次教训。

2006年我见到Terry三次。一次是他们全家三口来康州我女儿家做客；一次是我们都去波士顿参加女婿妹妹的生日晚会；一次是我们和女儿全家去Terry的海滨别墅参加他的生日庆典。1997年我见过和住过的在Portsmouth市的那套房子已经被他卖掉了。他现有三处房子：一处在New Hampshire州的Rollinsford镇；一处在Maine（缅因）州的Chebeague岛；一处在海外的英属领地Tortolla岛，这处房子大部分时间是空闲着的，他们一家或亲属去那里度假才派得上用场，平时委托人代管和照料。前两处这一次我们都光顾了。在Rollinsford镇的这一处住宅占地13英亩，地阔房高，濒临美丽的湖边，湖水清明如镜，绿树倒映水中，如诗如画。住宅楼是老式的建筑，经历了上百年的风雨，风韵犹存，外观古朴典雅，内观豪华气派。由于Terry一边行医，一边经营买卖旧汽车的生意，庭院里有一些零散的旧汽车，有两处仓库，仓库外观均是白色，还有一处石头与花卉组合的景观，一处临湖的棕黄色小木屋，看那绿色草坪似有一望无际的感觉。整个庭院可以说就是一处值得一看的景点。“梁园虽好，不是久居之地”。我们在赴缅因州旅游的途中路过此地，只住了一个晚上。

Terry的海滨别墅所在的美丽小岛Chebeague，盛夏时节约有上千人居住，冬天也就三四百人居住，离这里比较近的有名大城市就是波特兰了。岛上很安静，没有人声的嘈杂，只有偶尔的犬吠。Terry的别墅不算大，两层的建筑面积应该有200平方米。我最感兴趣的是他家门前、面海的树上架起的吊床，可以静静地躺在上面，倾听大海的涛声，思索着人生的潮起潮落，经历一次心灵的远航。早年我就对吊床情有独钟，曾看到过一幅柬埔寨国王西哈努克的夫人莫尼克公主在柬埔寨的丛林中悠闲地躺在吊床上的照片，至今记忆犹新。

Terry 的生日庆典简朴得说是个“庆典”实在是太夸张了。出席的只有他内弟一家我们一行 5 人，还有他的岳母以及他们自家 3 口人。岳母亲手为他做了个生日蛋糕。“庆典”程序包括赠送生日礼物，他内弟送了一件 T 恤衫，我们送了一条领带；吹生日蜡烛；唱《祝你生日快乐》的歌。生日晚宴就是吃 Pizza 饼、甜玉米、蛋糕、西瓜。次日一大早，Terry 就与我们告别了，在他年轻貌美的夫人和亭亭玉立的漂亮女儿陪同下整装出发了，他是去参加一项商务会谈。出发前他高兴地向我显示了一下他的领带，那是我们送给他的生日礼物。

Terry 是富有的，也是俭朴的；Terry 是有理想和追求的，也是现实和务实的。在我看来，他是个典型的美国人代表。

## “越战”老兵和 Hank

20 世纪 60 年代那场美越战争，是美国的一个败笔。它不仅给美国人留下了永久的记忆，也在我的心中留下了深刻的印象。那时我正在海军旅顺基地训练团服役，每天有关美国侵略越南的报道不绝于耳。在美国期间结识的几位老年朋友，其中有两位参加过越南战争。每当他们说起他们参加过越南战争，就有一种似曾相识之感。他们一位叫陶德，另一位叫吉姆。

陶德的儿子家与我女儿家很近，他经常来儿子家，有时也来我女儿家，因为我们的年龄相近，相处也有一种亲切感。他说因为我们在，他更愿意过来聊聊，我老伴的英语尚可与他对付一阵。刚刚认识的时候，他就“倒”出了他曾经参加过越南战争的经历，可见那一定是他铭心刻骨的记忆。他随身带着一串“宝贝”，其中有一枚越南硬币，第二次见面时，他作为礼物慷慨地送给了我。我们送给他的礼物是系有中国结的京剧花脸的脸谱。他说道，那场战争美国真是死了不少人，而且都是青年。他是幸存者，精神上也受了些刺激，参军的时候他才 20 岁，正是风华正茂、血气方刚的年龄。现在他过着独身生活，什么原因造成他现在的状况，我们不得而知。但是，他直率地说，他想娶一位中国女子做太太，他很欣赏中国女性的随和、温柔和勤劳。他还说，到我们回中国前，他要送给我们一块雕刻的石头作礼物，并且说，他的礼物可不是随便送人的。不解的是，到 8 月 20 日我们回国的时候，他一直没有露面，后来 3 个多月过去了，一直没有他的消息。我的担心多了起来，脑海中总有他率真的样子。

另一位"越战"老兵吉姆是在缅因州认识的，他是 Dana 的邻居，说是邻居，其实他们住的地方也相隔很远，因为是在乡村，地广人稀。我们一见面，没有说上几句话，他就告诉我们他曾经去越南打过仗，亦可见那是他人生中最重要的经历。他现在也是单身一人，以加工木材为生。他当场给我们做了操作示范，我也当场学着操作，没有什么高的技术要求，但是需要体力和经验，因为机械只是半自动化的。看了他的库房和他的住处，感到他是属于美国的穷人阶层。我们与他在他的工地合影留念，我老伴还坐在他的拖拉机上拍了两张照片。那位越战老兵布满沧桑的脸，时而在我眼前浮现。

Hank（汉克）是主动找上门来的朋友。一天，我正在小园里侍弄我那些心爱的秧苗，一辆黑色的汽车戛然停在女儿家门口，从车中走出一位陌生的老者，看上去身体很健壮，也就是 60 多岁。我和老伴热情地接待了他。他主动自我介绍说，他经常开车从这里经过，总能看到我在园子里劳作，今天有空，停下车来看看，交个朋友。他让我们猜他有多大年纪，我们自然说大概有 60 多岁吧。他说他已经 74 岁了，我们感到很惊奇，因为他的确不像有那么大的年龄。他还介绍了他栽种西红柿的经验，并答应第二天带我们去他家看看。他家离我女儿家不远，在 FoxRun，是公寓房，步行也就是 10 多分钟即到。但是第二天没有见到他，他给我们留下一封信（2006 年 8 月 15 日）。信文如下：

尊敬的丁先生：我是汉瑞·塞迪（Henry Cedio），人们都叫我汉克（Hank）。我已经退休了。33 年以前，我也曾经受雇于 Pfizer（因为他知道我们的女儿在 Pfizer），1987 年 2 月 4 日于 Pfizer 的 Groton 厂区退休。我出生与成长的地方都在康州的 Groton。众所周知，Groton 有个核潜艇基地，那是海员之家，那个核潜艇也是世界上第一个核潜艇。我与你认识得有点晚了，不然我会带你到处走走看看，比如 Mystic 的乡村、水动力伐木场、Pfizer 的厂区等。如果可能，我要找一天请你到我家看我种的西红柿。在你动身回中国之前，我一定再去看你。

最后，我要再说一次，认识你非常荣幸。衷心感谢你的仁慈和善良。

你的忠实朋友：汉克

8 月 18 日下午 4 点多，汉克开车来了，带我们去他家看他种的西红柿。一到他家，他的老伴热情地迎了出来，她看上去也没有 70 多岁那么大，微胖（这在 20 世纪美国的人群中是很难得的），很慈祥。她说她见过我，我说可能，因为我经常用车推着小外孙在那一带转悠。我们先参观了一下他们的房间，两居室的公寓房，显得比较狭窄，但是收拾得很整齐、很干净，墙上挂着装有照片的镜框。我老伴就从这里同她聊起来。他们有 5 个子女，不幸的是，大儿子在一次工地事故中身亡，老年丧子是人生的大悲哀。好在其他几个儿女都住得离他们不远，经常在周末来看望他们。汉克老两口年轻时候的照片非常好看，一个英俊潇洒，一个美丽可爱。汉克还有军人的经历。看起来，这是一对恩恩爱爱的夫妻，一个和和美美的家庭。聊了一会儿，汉克就带我们去看他种的西红柿。他的西红柿是用大花盆栽的，花盆紧紧靠着墙，正向阳，日照比较充分，西红柿秧长得枝繁叶茂，果实也很大，颜色红亮亮的。他高兴地介绍了他的经验：一要充分浇水，二要充分日照。我们告辞要走时，他送给我和老伴每人一个大西红柿。其实，他只种了3个花盆的西红柿，西红柿虽然长得很大，总共也没有几个，这个礼物还是很珍贵的。

## 心灵之友“光棍镇长”

这里所说的“光棍镇长”不是指镇长没有配偶，而是指一个镇只有镇长，没有任何居民、部下。这位镇长是一名老妇，叫埃尔希。我称她为“心灵之友”，是我把她当朋友，纯属一相情愿，她全然不知，我很赞赏这位镇长大人的生活态度，故视她为我的心灵之友。

埃尔希，现年73岁，住在美国内布拉斯加州莫诺维镇。这个镇是全球最袖珍的小镇，因为它只有埃尔希1个人，她既是镇长，也是镇上唯一的居民，她同时兼任清洁工、税务员、警长和守墓人。自从35年前她与丈夫来此定居后就再也没有离开过这个小镇。莫诺维镇虽然小，却是1996年在美国联邦政府正式注册和被认可的行政单位。1971年，埃尔希和丈夫卢迪从附近拥有200名居民的林奇镇搬到莫诺维镇的时候，该镇还算人丁兴旺，那时共有居民25人。随着时光的流逝和生活的变迁，一些人死了，一些人远走他乡，莫诺维镇上的人口越来越少，到1996年，只剩下卢迪夫妇和另外一名居民。从1971年他们来到这个镇，就一直住在一辆带有3间卧室的房车里，没有再搬家。两年前，卢迪因患癌症去世，成为寡妇的埃尔希决定继续住在这里，并成为镇长，她还独自经营一个木屋酒馆。

如今的莫诺维镇是一派衰败荒凉的景象：一条马路把小镇一分为二，道路两旁是锈迹斑斑的汽车和卡车，以及破烂不堪的房屋。埃尔希的小酒馆附近唯一一处比较像样的建筑，是一间低矮的白色铁皮屋，竟是镇上的图书馆，内有5 000册藏书。作为莫诺维镇的前任镇长卢迪生前有个愿望，那就是小镇应该有自己的图书馆。可惜直到他去世这个愿望都没有实现。在卢迪去世5个月之后，妻子埃尔希在朋友们的帮助下，收集到了5 000册二手书籍，把图书馆武装了起来，了却了亡夫的一个遗愿。如今埃尔希成了镇上唯一的居民和镇长，她同时兼任清洁工、税务员、警长和守墓人等多项职务。她认为，在这里的最大好处是没有人争吵，一切都是她一个人说了算。虽然形单影只，但是埃尔希却坚持认为自己从不孤单。她说："方圆50英里的人我几乎没有不认识的。酒馆虽小，却足够让我忙得团团转了。如果我感到寂寞无聊，就会到附近朋友家里去串串门。"

53岁的农夫吉姆·汉德森是小酒馆的常客，时常过来小坐，与埃尔希聊天。在吉姆看来，埃尔希现在的生活是足以令人羡慕的。他说："在这里，你可以感受到美国过去的生活方式，难道还有比这更棒的吗？"①

称之为一个镇，至少也要有一大片地盘，那么一大片地盘任一位老妇驰骋，使她生活得很快乐，很有品位，这样的奇迹发生在美国，实在是耐人寻味！

① 全球最小镇仅一名老妇. 参考消息·北京参考，2007－01－09

# 美国朋友在中国



同事从美国回来，交给我一张卡朋特的CD，是Lauren送给我的。她还记得卡朋特是我最喜欢的美国歌手。随着熟悉的旋律流水一样在冬日里流淌，暖意涌上心头……

那是2004年的夏天，我们学院承接了一个为期一个月的美国得克萨斯州中小学教师中国历史地理研修的培训项目。我所在的教研部负责此项任务，我协助教研部主任组织教学活动的实施。Lauren是得克萨斯A & M大学的教授，也是这个美国研修班的领队。培训班里有13个美国人，除了两个年轻的男教师，其他全部是女性。女教师的年龄多在四五十岁，约一半的女教师身形庞大。但跟国内同龄的女性不同，她们非常喜欢穿鲜艳的衣服，红色、黄色是她们的最爱。那个夏天，跟着一群衣着鲜亮、笑容也鲜亮的美国人游走在北京、西安、成都、上海的名胜古迹和胡同小巷，是我永远都不会忘记的美好回忆。

## 欢乐的讲情义的美国人

在几场专题报告后，我们开始外出实地考察。有一天，我们去参观中国美术馆，那些与西方浓墨重彩的油画完全不同的空灵的山水画、龙飞凤舞的书法、精美绝伦的剪纸与可爱拙朴的泥塑，让他们在回程路上还兴奋不已。不知道是谁的提议，大家唱起歌来。那是我第一次这样近距离地听一群美国人唱歌。他们可不是单纯地唱歌，简直就是表演。不但随着歌词做出相应的表情，还配上各种动作，手舞足蹈，欣喜若狂。我静静地看着，想着，她们哪里像四五十岁的人啊，那种热情活泼的劲头，就是跟

20 多岁的年轻人相比也毫不逊色啊！有好多歌在她们唱的时候做的动作都是一样的，我想，这在他们国家可能是非常普遍的演唱形式，而这样活泼的载歌载舞于我却是头一遭，我感到既新奇又羡慕。他们在工作时穿着西装或者套裙，认真、敬业、专业，一丝不苟；而到娱乐时，就套上 T 恤衫、大短裤，好像完全变了一个人，那么投入，那么忘情，跟小孩子一样快活。我想，他们可能不知道四十不惑、五十知天命的说法。所以，虽然过了一年又一年，他们仍然无忧无虑，脸上依然洋溢着青春年少的快乐笑容。

在他们就要离开北京的时候，给这几天来陪伴、开车的司机师傅送了个小礼物——一条香烟，以感谢他的服务、辛苦与敬业。司机师傅从老外们费力的比画中明白了他们的意思，很羞涩地笑了。这可能也是中国人与美国人之间一个很大的不同了。这些美国人随身总带着各式小礼物，送给那些为他们提供服务的、表达友善的人们以作纪念。一路上，他们给很多人送过礼物，有的是负责接待的工作人员，有的是餐厅的服务员，有的是路上遇见的小朋友。他们所送的礼物是从美国带来的，一般都有他们自己所在学校的标志，有笔、像章、小玩具、T 恤衫等物品。而这次送给司机师傅的是香烟，而且是在北京买的。依我看，这位司机的服务工作很一般，不善言辞就不怪他了，因为他可能不会英语，但是，平时难得露出笑容，甚至可以说表情有些阴郁，而且性情急躁，车开得不是非常平稳，有时急转弯，有时急刹车，有时强行并线，我们在车上经常被颠簸得东摇西晃，他还经常不耐烦地大声摁喇叭。我想，对这个司机师傅的工作不抱怨就不错了，实在不需要专门买礼物向他表示感谢。而这些美国人可不是这样想的，他们觉得司机师傅虽然开车有些快，有些猛，但那也是为了避免堵车，是为大家着想。在别人游览的时候，他一个人在车上寂寞地等待，也很辛苦，而且他好像不是很开心，需要大家更多的关心与鼓励，所以应该送他礼物。而司机师傅喜欢抽烟，所以送香烟是最合适的了。Lauren 说这是大家共同的想法，感谢司机师傅这些天的辛苦，同时也希望这一惊喜给他带来快乐。她们说得很自然、很平淡，但听在我耳朵里却是掷地有声。同样面对一个司机师傅，她们更多的是理解与宽容、感激与赠与。这一美国版的“赠人玫瑰，手有余香”，相信那个司机师傅也很难忘记，他会在以后的工作中多一份爱心和耐心。

## 爱“管事”的美国人

在西安，我们遇到了惊险的一幕，那是在逛钟鼓楼附近的步行街的时候。我走着走着，突然看到一个男人从身边跑了过去，然后培训班中仅有的两个男老师 Matt 和 Dougless 像箭一样冲了出去。我看到那个男人手中拿着一位女士的挎包，是抢了我们中哪一位的包？来不及多想，我也全力追了出去。步行街很窄，细细长长的，街两边全是商贩，街道上熙熙攘攘的全是游客。那个抢包贼在人群中钻来钻去地跑，Matt、Dougless 和我在后面边追边喊。路人开始驻足观望，很多人自动为我们让出一条路来，饶有兴致地旁观着。但，仅仅是旁观着。最终，我们也没有能够追上那个抢包的男人，他淹没在人群中了。我沮丧地回到 Lauren 她们身边，却意外发现原来那个男人抢的是一个我并不认识的女士的包。这时 Lauren 他们对我竖起大拇指，连声地说：“Hero! Hero!”（英雄！英雄！）我摇摇头，认为这是自己不应该得到的赞誉，也为自己并不英雄的内心羞红了脸。我原以为美国人冷漠、自私，事事依靠警察，没想到就是他们，在异国他乡，见义勇为，为了一个素不相识的人，英勇地出击，他们才是英雄啊！

培训班的最后一站是上海。在奔波了一天之后，这些精力充沛的美国人照例要去逛街。那天晚上，我们正在地铁站里等车，夜深了，地铁站里没有几个人。在这安静的站台上，一个女孩子压抑的哭声引起了人们的关注。我们都不约而同地望过去，就在我们不远处有一对男女，女孩子哭哭啼啼地要走，男青年则用胳膊挡住她的去路，两个人一边撕扯着，一边哭闹着。我看了一眼就不再搭理了，因为情侣之间闹点矛盾没有什么稀奇的。让我没想到的是，Matt 和 Dougless 向那对情侣走过去。我想，他们不会以为是拦路抢劫或者拐卖人口吧？为了避免不必要的误会，我赶紧跟了过去。Matt 和 Dougless 非常有礼貌地把那个女孩子从男青年的困扰下“解救”出来。他们说，这个女孩子有权利做自己想做的任何合法的事情，她有离开的自由，也有留下的自由，这应该由她自己来决定，而不应该受到别人的阻挠和限制。男青年有些恼火，这我可以理解，清官难断家务事嘛，别人家的事外人确实不好插手。但 Matt 和 Dougless 显然并不理解，他们依然挡在女孩子面前，毫不退让，一副英雄救美人的架势。看着他们强壮的身架，男青年沉默了，女孩也显得有些不知所措，自顾自地离开了。这时，Matt 和 Dougless 又补充了一句，不管怎样，绅士都不能够做违背女士意愿的事情，不应该让女士伤心流泪。男青年没有说话，带着一种难以言说的复杂的表情，拔腿追那个女孩子去了。然后，我目瞪口呆地看着这两个“多管闲事”的老外非常绅士地回到我们的队伍中来。这在他们看来是非常自然的事情，但这绝对是我 20 多年人生历程中从未经历过的奇事，在今后也很难再遇上。

## Susan 的要强与 Lauren 的爱好

由于旅途劳累，加上水土不服、年事已高，培训班中年龄最长、体重最重的 Susan 病倒了。在医院拿药的时候，大夫给她开了一些中成药，相对于进口的西药，中成药的价格便宜很多。不管怎么解释，Susan 都无法相信这么便宜的中药能够治好她的病，坚持要用西药。回想起刚接触这些美国朋友的时候，他们中有个人曾说过这样的话，她说原以为中国到处都是水稻，全国人民都在种稻谷，但来到中国之后，才惊讶地发现有这样璀璨的文明，有这样现代的工业，有这样繁华的都市。听了她的话真让人啼笑皆非，他们也太孤陋寡闻了吧，他们也太小看中国了吧。而如今，Susan 也是宁可把身体交给西药，也不放心中医的治疗。这种不信任源自不了解。我想随着中国的日渐强大，随着国际交流的日益频繁，这样的事情会越来越少。考虑到 Susan 的身体状况，我对她格外照顾，经常探望她，关照她多注意休息，不要太劳累。对我的关心她不仅不领情，反而很不高兴。我很困惑，就去问 Lauren。原来对于美国人来说，能够独立自主地生活是最重要的。不管年龄多大或多小，他们都希望能够独立安排自己的生活，自己为自己的决定负责，为自己的生活负责，不愿成为他人的拖累与附庸。特别是老年人，他们不希望你认为他老了，什么都需要照顾了。在别人的帮助下生活，就如同剥夺了他们的自由和判断力，这也是他们所最不希望的。终于，Susan 拄着拐杖一瘸一拐地晃动着肥硕的身躯，自己爬上了华山。站在陡峭险峻的华山顶，这个坚强、独立、气喘吁吁、满头大汗的美国老太太，真是让我刮目相看。

2006 年我又去了一次西安，在陕西历史博物馆的展厅里，又看到了那幅让 Lauren 怦然心动的梅花图。一枝盛开的梅花枝干斜插在画面上，点点红色的梅花在白雪的掩映下分外娇艳。那幅让 Lauren 以为浸染了画家心血与情感的世间独此一份的梅花图还在销售着，依然标着昂贵的价格，一副“姜太公钓鱼，愿者上钩”的架势。也许 Lauren 有着我们所不了解的梅花情结，那天在博物馆一看到梅花图，她就兴奋得大叫，说那就是她想要的。那样的梅花图一看就是批量生产的，很多地方都卖，就是想买也不用非得在博物馆里买，那不是明摆着多花钱吗？我与我们的部主任都说太贵了，在别处也可以买到，价钱会便宜不少。但是不管我们怎样劝说，她还是迫不及待地、毅然地掏出信用卡，以将近千元的高价，心满意足地捧走了她的梅花图。我们看着Lauren兴奋地抱着她的梅花图，还是为没能够有效制止她而感到惋惜。我们是对友人真诚相待的中国人，不是巴不得游客高价买东西而索要回扣的导游。而Lauren却是快乐的，她说也许到其他地方买会省一些钱，但也有可能会就此错过了机会，再也遇不到令她这样喜欢的梅花了。为了喜欢，一掷千金是值得的，这是她自己作出的决定。Lauren不是精明的商人，却是个敢爱敢恨的性情中人。在陕西历史博物馆又一次看到那幅梅花图，我的眼睛模糊了。

## 爱上成都

成都是一个很悠闲的城市，在本该上班的时间里，茶馆里依然有很多人在品茗听戏。Lauren说她很喜欢成都，气候宜人，风景优美，更重要的是成都人经常是笑眯眯的，对陌生人也非常友善，不像北京人那样脚步匆匆，表情沉重，好像生活很压抑似的。这可能是培训班里那些美国人共同的看法。成都的绿色将他们身心的疲惫一扫而空，憨态可掬的大熊猫更是让他们兴奋不已。Dougless甚至联系了成都的一所大学，希望能够在假期到学校来做外语教师。还有好几个人在打听成都的房价，想在垂柳依依的河边买房置地，在这个美丽的城市定居下来。我想成都的闲适美丽是打动他们的地方，但更重要的是成都人的热情快乐感染了他们。一个城市能够让游客不想离开，可见魅力非凡，而为她的魅力指数锦上添花的，正是人们幸福灿烂的笑容。微笑是全世界通用的语言，它像春风拂面，像阳光煦暖，它拥有无上的魔力，瞬间就消融了误解的坚冰，打通了陌生的壁垒。也正因为如此，培训班的美国人发自内心地爱上了成都。

## 穿旗袍的女人



到了上海，肯定要去城隍庙。丝绸、旗袍、古玩、咖啡等都是美国朋友的最爱。他们在城隍庙如鱼得水，很快就四散购物去了。我也准备给家人带些纪念品，正在选购的时候，Lauren 找到我，说让我去帮她看看旗袍。白底蓝花，月牙领，很古典。我说挺好看的。她见我说好看，非常高兴，就让我试试看能不能穿，要送给我。我本能地拒绝了。古话不是说无功不受禄嘛，再说我从来不穿旗袍。正在推辞的时候，售货员插了一句话，我一听就当即决定试试。因为那个售货员说，老外已经交过钱了。我吃惊地看着镜子中的自己，白底蓝花的旗袍，恰到好处地显露出美好的身段，烘托出青春的气息。那还是我吗？在我发愣的时候，Lauren 过来拥抱了我，她说中国女人是最适合穿旗袍的了，旗袍最能够烘托亚洲女人的温婉气质。她的盛情和诚意实在是令我无法推辞。

在他们要离开上海的前一夜，大家去了外滩的酒吧。那天我穿着古典的旗袍，Lauren 也穿了一件白底深蓝色花纹的古装短袖小褂，我俩就好像是一对姐妹花。在那一夜摇曳的烛光里，我们好像梦回大唐，成了婉约秀美的女子，就好像孔孟之道在国内少有人谈起，但却漂洋过海在异国他乡开花结果一样，这婀娜多姿的专为亚洲人设计的旗袍，现实生活中也已少有人问津了，我也从未特别关注过，而它却受到美国朋友的大力推崇。这件旗袍又薄又软，但它对我的真正意义是作为一种媒介，让我穿越时空，感受到文化的厚重、神韵的高雅与生生不息的穿透力，而让我体验到这种奇妙感受的竟然是一个美国人。我不禁问自己，我们是否已经离传统文化越来越远了？我们还能找到回家的路吗？

# 后 记

去过美国，确有一种眼界顿开的感觉。2006 年，我先生丁广举与我在美国旅居半年回到北京之后，他由衷地想写写旅美印象，把自己对美国的感受告诉没有机会去美国的朋友。在我们国家教育行政学院的同事中，去过美国的人很多，有长期和短期的访问学者，有随大学校长出访考察的工作人员，有留学获得博士学位者，有中国驻美使馆的工作者。在这个教员与行政人员仅有 60 多人的单位，有 1/3 的人去过美国。说起美国，大家有许多同感，大家也都很珍惜在美国或长或短的经历。于是，我们想约一些同事共同来做这件事。

此动议得到热烈响应。几位同事在本职工作很忙的情况下，对本项工作投入了极大的热情，分别完成了如下篇目：在美国乘火车旅行（郭锋）；我的费城故事（许玉乾）；走近耶鲁、雷文校长（张婕）；心仪的哥伦比亚大学（梁金霞）；宾夕法尼亚大学考察所见所闻所思（李树）；美国朋友在中国（徐丽丽）。其余篇章由我和丁广举完成。

我自 1993 年以来，去过美国 4 次。1993 年我在加拿大阿尔伯塔大学教育学院做访问学者（8 个月）。征得加方项目主任 Small 博士的同意和支持，我与另外 3 位同做访问学者的同事办了个旅美签证，从加拿大的多伦多乘坐旅游大巴到美国“坐车观花”。后来，因为女儿到美国留学和在美国工作，我又有了去美国和了解美国的机会，结识了女儿的一些中国同学、同事和朋友，有机会与他们推心置腹地交流在美国工作和生活的想法。总的来看，他们认为美国社会比较民主，人际关系比较简单，工作条件比较优越，生活环境比较舒适，办事比较方便，等等。

这期间也有机会接触女儿的一些美国邻居和他们的亲朋好友，深感他们心态平和，对生活有很强的满足感。他们中不少人信基督。美国有专门的宗教电视台，教堂随处可见。据说美国有220多个教派，1 000人有1座教堂，94%的美国人自认为是教徒。而真正虔诚信仰上帝的约有15%，绝大部分人都受到宗教伦理的一定影响，宗教在社会稳定中发挥了不小作用。

去年在美国期间，我还与住在纽约的国家教育行政学院已经离休多年的一位老领导通了两次电话，他已至耄耋之年，身体很健康，声如洪钟。他的两个儿子和一个女儿都在美国，事业发展均很看好，给他们老两口在纽约很好的地段买了很好的房子。他们基本住在美国，我问他对美国的印象，他爽快地回答说：“美国很好，但是，不适合我们!”所谓“不适合”，他主要是指语言不通（不会英语），行动不便（不会开车），缺少朋友。

最近几年我还去过法国、德国、瑞士和俄国，两次路过日本；我先生去过韩国、日本和俄国。可以说，我们很难否认那些国家社会机制运行的有序、生活环境的美好和多数人素养的文明。俄国在本质上是属于西方的，但是由于它经历了“十月革命”的特殊历史道路，又经历了20世纪80年代末90年代初发生的东欧剧变和苏联解体，它的发展相对缓慢了许多，但从总体上看，它的社会文明仍然具有较高的水平。

当然，金无足赤，人无完人。一个国家、一种制度也是一样，美国也有许多不尽如人意的地方，他们也有自己的社会问题，特别是“9·11”之后，社会安全问题常常困扰着政府和民众。而对我们，有比较才能鉴别，学习他人的长处，自己才能更快地进步和发展。

在本书付梓之前，还应提到的是，我们衷心感谢暨南大学出版社对本书出版所给予的大力支持和帮助。

**孙兰芝**

**2007年11月20日于北京**